I0236539

Tirso de Molina

Quien calla otorga

Barcelona **2024**
Linkgua-ediciones.com

Créditos

Título original: Quien calla otorga.

© 2024, Red ediciones S.L.

e-mail: info@Linkgua-ediciones.com

Diseño de cubierta: Michel Mallard.

ISBN tapa dura: 978-84-9953-806-8.
ISBN rústica: 978-84-9816-531-9.
ISBN ebook: 978-84-9953-417-6.

Cualquier forma de reproducción, distribución, comunicación pública o transformación de esta obra solo puede ser realizada con la autorización de sus titulares, salvo excepción prevista por la ley. Diríjase a CEDRO (Centro Español de Derechos Reprográficos, www.cedro.org) si necesita fotocopiar, escanear o hacer copias digitales de algún fragmento de esta obra.

Sumario

Créditos _____ 4

Brevísima presentación _____ 7

    La vida _____ 7

Personajes _____ 8

Jornada primera _____ 9

Jornada segunda _____ 55

Jornada tercera _____ 95

Libros a la carta _____ 139

Brevísima presentación

La vida
Tirso de Molina (Madrid, 1583-Almazán, Soria, 1648). España.
Se dice que era hijo bastardo del duque de Osuna, pero otros lo niegan. Se sabe poco de su vida hasta su ingreso como novicio en la Orden mercedaria en 1600 y su profesión al año siguiente en Guadalajara. Parece que había escrito comedias, al tiempo que viajaba por Galicia y Portugal. En 1614 sufrió su primer destierro de la corte por sus sátiras contra la nobleza. Dos años más tarde fue enviado a la Hispaniola (actual República Dominicana), regresó en 1618. Su vocación artística y su actitud contraria a los cenáculos culteranos no facilitó sus relaciones con las autoridades. En 1625, el Concejo de Castilla lo amonestó por escribir comedias y le prohibió volver a hacerlo bajo amenaza de excomunión. Desde entonces solo escribió tres nuevas piezas y consagró el resto de su vida a las tareas de la orden.

Personajes

Aurora, marquesa
Narcisa, su hermana
Don Rodrigo Girón
Carlos, conde
Ascanio, marqués
Chinchilla, lacayo
Brianda, dueña
Teodoro, caballero
Sirena, dama
Arminda, dama
Dos criados
Acompañamiento

Jornada primera

(Salen Aurora, Narcisa, y Brianda.)

Aurora   ¡Qué necio y qué porfiado!

Narcisa   Por fuerza ha de ser lo uno
si es lo otro.

Aurora   ¿Hay tal enfado?
¡Hola! No entre aquí ninguno,
Esté ese jardín cerrado.
    Salid vos también afuera;
guardad la puerta.

Brianda   ¡Portera,
siendo dueña! ¿Hacerme quiso
ángel de este paraíso?
En mi mocedad sí fuera;
    pero ¡cuando dan despojos
al tiempo, que no resisto,
mis años, y mis enojos...!
Hasta agora, ¿quién ha visto
ángel con tocas y antojos?

(Vase Brianda.)

Aurora   ¿Qué es lo que Carlos pretende
con tanta embajada, hermana?

Narcisa   Escribiendo se suspende
de Amor la llama tirana,
que en él tu memoria enciende.
    Mientras no te ve te escribe,

y en respuestas que recibe,
apoya ausencias crueles;
que la esperanza, en papeles
tal vez, como joya vive;
     y fiado en el concierto
y palabra que le dio
mi padre, tiene por cierto
ser tu esposo.

Aurora   Ya murió
mi padre y con él se ha muerto
     cualquier derecho y acción
que alegue en la pretensión
de mi amor; pues si le di
esperanzas con el sí,
fue más por obligación
     [a su paternal prudencia]
que por gusto y voluntad.

Narcisa   Contra ti das la sentencia.

Aurora   Por qué si mi libertad
queda libre, con la herencia
     de este marquesado absuelta?

Narcisa   Nunca la palabra suelta
Quien estima su valor.

Aurora   Dísela como menor;
Libre soy, y estoy resuelta
     a no cumplirla; esto es cierto.
Déjame, hermana, gozar
de mí misma, pues se ha muerto
mi padre; que no he de hallar

en medio del golfo el puerto.
   No cautives mi cuidado
de ese modo; que no es justo
que intente el conde, pesado,
oprimir leyes del gusto,
por sola razón de estado.
   La voluntad ha de hacer
esta elección; que a no ser
ella la casamentera,
la cruz que hace Amor lijera,
de plomo, haráme caer.

Narcisa   ¿Tan mal el conde te está,
mancebo, galán, discreto,
y que en Borgoña podrá,
si llega su amor a efeto,
que si eres cuerda, si hará,
   con este estado y el suyo,
casi un reino hacer?

Aurora   Concluyo
que en mí imposibles conquista.
Amor entra por la vista,
no por el abono tuyo.
   No le he visto, y así trato
no ser conmigo cruel,
si mi libertad maltrato.

Narcisa   Ya sustituye por él
este gallardo retrato.

Aurora   Pinturas encarecidas,
y verdades, imagino
que vienen a ser, oídas,

como nuevas de camino,
mentirosas o añadidas.
     Pintar y escribir es ciencia
de adular con elocuencia;
porque en materia de amores,
los poetas y pintores
tienen de mentir licencia.
     ¡Bueno es que al pintor pagase
retrato el conde, que fuese
bastante a que me obligase,
y que al pincel permitiese
que sus faltas retratase!
     Yo a lo menos no lo creo,
no pienso dar fe al traslado,
si el original no veo;
que es retrato este pagado,
y no puede venir feo.

Narcisa   Ya yo sé que el interés
hace, cuando Apeles es,
por ser su pincel de oro,
de un Polifemo un Medoro;
mas cuando crédito des
     a la fama, que acrecienta
del conde alabanzas sumas,
yo sé que estarás contenta.

Aurora   Es la fama toda plumas,
¿Y no quieres tú que mienta?
     ¿De plumas no es el pincel?
Luego mentiras me ofrece.

Narcisa   Milagros me cuentan de él.

Aurora	Si a ti tan bien te parece, cásate, hermana, con él.

Narcisa	Si fuera marquesa yo...

Aurora	¿Luego solo en eso estriba tu voluntad?

Narcisa	¿Por qué no? Lo mas a lo menos priva.

Aurora	Heredera te dejó
	  de sus tesoros mi padre;
	y del dote de mi madre,
	joyas, riquezas bienes,
	tanta hacienda tener vienes,
	que como el conde te cuadre,
	  te igualas casi a mi estado.

Narcisa	No es bien, siendo yo menor, casarme antes, ni le ha dado al conde pena mi amor sola tú le das cuidado.

Aurora	Pues aunque así de él te avisa, no me encarezcas sus quejas, ni me cases tan aprisa; que ese oficio es de muy viejas, y tú eres niña, Narcisa. Ayer dejamos el luto con que el paternal tributo pagamos al fin del año; gocemos, pasado el daño, de la libertad el fruto.

Esto de casarse, hermana,
ha de tener ocasión,
no como fruta temprana,
que cogida sin sazón,
sale insipida o vana.

Narcisa   Muy alegórica estás.
No tratemos de esto más.
El conde sufra y perdone,
hasta que amor te sazone;
que agora ni aun hojas das.

Aurora   Mudemos plática, hermana,
y no te acuerdes más de él.
Di, ¿qué te escribe Diana,
condesa de Oberisel?

Narcisa   Es la hermosura alemana.
   A un don Rodrigo Girón,
español y caballero,
me encomienda.

Aurora   Su opinión
le ha dado el lugar primero
entre los de su nación.
   Lo mismo me pide a mí,
porque ha de venir aquí,
y de verle me holgaré;
que ya sus amores sé.

Narcisa   Cosas notables oí
   de ese español, si es que son
verdaderas.

Aurora	La condesa
	le tuvo tanta afición
	como la fama confiesa;
	y a aprovechar la ocasión,
	dicen que de Oberisel
	fuera conde, y de Diana
	esposo.
Narcisa	Para ser él
	español, nación que gana
	por atrevida el laurel
	de Marte, como el de Amor,
	milagro es que tal valor
	haya, por corto, dejado
	perder tal mujer y estado.
Aurora	¿Gozóle el conde? ¡Mejor!

(Óyense voces dentro.)

Voz I	¡Matadle!
Voz II	Al agua se echó.
Voz III	Disparadle las pistolas.
Voz IV	Venturas son españolas.
	La cerca, leve saltó.
Voz V	El jardín de la marquesa
	le ha dado seguro puerto.
Voz VI	¡Que no le hubiéramos muerto!
	¡Ah, mal cumplida promesa!

(Sale don Rodrigo, la espada en la mano.)

Aurora
Qué es esto? Hombre, ¿dónde vas?
Retírate, hermana mía.

Narcisa
¿Hay tan notable osadía?
¿Sabes acaso que estás
    en el jardín, reservado
solo a la marquesa Aurora?

Rodrigo
Lo que la ignorancia ignora,
mi ventura ha declarado.
    Damas suyas debéis ser,
ya que las señoras no;
y no poco feliz yo,
si la mereciese ver.

Aurora
¿Cómo venís de esa suerte?

Rodrigo
Envidiosos lisonjeros
Por quitarme el bien de veros,
han querido darme muerte.
    Pero este jardín que en ser
vuestro da clara señal
de que es noble y es leal,
me vino a favorecer
    contra la pasión violenta
que envidiosa me persigue,
de quien para que os obligue,
será razón daros cuenta.

    Nací en España noble, no dichoso,
si en mis desgracias mi fortuna fundo,

de madre ilustre y padre generoso
Rodrigo en nombre, en sucesión segundo,
Mi hermano, mayorazgo caudaloso,
Me forzó a que buscase por el mundo
correspondiente estado a mis intentos
huyendo sus escasos alimentos.

    Troqué por Flandes mi famosa tierra
donde hermanos segundos no heredados
su vejación redimen en la guerra
si mayorazgos no, siendo soldados.
Entré en Oberisel, en cuya sierra,
metrópoli Momblán de sus estados,
el tribunal de su gobierno elige,
corona muros y flamencos rige.

    Varios sucesos, que prolijos dejo,
me dieron a Diana por señora,
condesa suya, de quien es bosquejo
el Sol que montes raya y valles dora.
Con luto viudo, de cristal espejo,
que el ébano guarnece, del aurora
emulación hermosa parecía,
noche a su amor, a sus amantes día.

    Pusiérame silencio su respeto,
si ella misma al partir no me mandara
que os contase esta historia, y el secreto
la fama, en fin mujer, no profanara.
Su secretario me hizo, y en efeto,
quédese aquí, señora; que repara
su autoridad mi lengua, si os da aviso.

Aurora	Ya hemos sabido lo que Diana os quiso.

    Proseguid vuestra historia, don Rodrigo
pues ella os lo mandó, decí adelante,
si no es que en el suceso a que os obligo

sois relator tan corto como amante.

Rodrigo
Serviráme el contarla de castigo,
pero en fin, venturoso aunque ignorante,
Diana entre confusos pensamientos,
me dio favor, si no merecimientos.
    Peleaban en ella justamente
vergüenza y afición. Obligaciones
de su estado y viudez la hacían prudente.
El deseo animaba persuasiones,
ya desdeñoso honor, ya amor clemente,
divisas en contrarias opiniones.
Tal vez neutral y tal determinada
nave era de huracanes asaltada.
    De aquestos dos principios tan distantes,
nació un mixto, a sus causas parecido,
que en mí influyó contrarios semejantes,
juzgándome ya humilde, ya atrevido.
Méritos niños admire gigantes,
y gigante valor lloré abatido,
nube a su Sol que sus colores viste,
si amante, alegre, si severa, triste.
    De aquesta suerte amándome en confuso
y yo en confuso acciones imitando,
esfinge, enigmas a mi amor propuso,
intérpretes deseos despeñando.
¡Qué de veces el alma a ver se puso,
por ser vista, en los ojos; y mirando
desde ellos mi inquietud y sus enojos!
¡Edipos de la lengua eran mis ojos!
    Jeroglífico en fin mí amor, vivía,
atrevido cobarde; pues si hablaba
a Diana y su amor agradecía,
rayos de enojo airada fulminaba;

si otra beldad mi pena entretenía,
celosa atrevimientos castigaba,
deletreando enigmas mi sentido,
más desdeñado, cuando más querido.

    Vino a Momblán entonces Casimiro,
palatino del Rin, a ser su esposo.
Si fue llamado o no, no sé; aunque admiro
natural en mujer tan caviloso.
Resuelto pues la libertad retiro;
triste, si alegre; libre, si celoso;
parabienes la doy, y cuando pienso
que libre estoy, me deja mas suspenso.

    Equívocas razones me responde,
con que me desespera en la esperanza.
Preguntole si tiene amor al conde;
dice que sí y que no. ¿Qué ingenio alcanza
la paradoja que este caos esconde?
¿O quién vio tal firmeza en tal mudanza?
En fin me llama, y amorosa, esquiva,
al conde manda que un papel escriba.

    Lo que me nota asiento, y sin nombrarle,
su bien le llama, su esperanza y vida,
y porque en ella intenta asegurarle,
a su jardín de noche le convida.
Remátala con esto, y al cerrarle,
me encarga... —¡Ay ocasión, por no entendida,
malograda!— encargóme que le diese
a quien más que a sí mismo la quisiese.

    Fuese con esto. ¡Ved cuál quedaría
en tanta confusión mi entendimiento!
«Si a quien la quiere más que a sí —decía—,
viene el papel, mi ardiente pensamiento
le adora más que el indio al rey del día.»
Mas —¡ay soberbio y loco atrevimiento!—

si Casimiro la ama, en tal estrago,
él recibe el papel, yo el porte pago.

Mil veces le abro, desenvuelvo y miro,
cerrándole otras tantas. Ya interpreto
en mi favor mi enigma; ya suspiro,
de mil contrarios mísero sujeto.
Celoso en esto llega Casimiro,
y díceme: «Español, si sois discreto,
bien sabéis que en aquesta noble empresa
más que a mí mismo quiero a la condesa».

«Si mas que a vos la amáis, conde —repito—,
cebad en su hermosura el feliz fuego
de Amor; que en mí el de celos solicito.»
El papel —¡qué ignorancia!— al conde entrego
Diciendo: «A vos os llama el sobre escrito».
Leyóle, extremos hizo, ofreció abrazos
dando a larga esperanza cortos plazos.

Entróse en el jardín, y a sus umbrales
lloraba yo ocasión tan mal perdida,
cuando los dos salieron en iguales
lazos, que unieron dos en una vida.
Viome Diana, y aumentó corales,
no sé si vergonzosa u ofendida,
diciéndome: «¡El papel al conde distes;
mostrado habéis cuán poco me quisistes!».

«Pensé que el conde...», dije; y con desprecio
me ataja, replicando: «Don Rodrigo,
¿hombre sois de penséque? Ya no os precio
como hasta aquí. Perdido habéis conmigo
si os disculpáis con el "penseque" necio.
Sírvaos vuestro "penseque" de castigo
y mi amor en el conde gustos trueque
que esto merece amante de "penseque"».

A Casimiro elige por consorte.

Intentéme casar con una dama
que un tiempo fue de mi esperanza norte,
pero celosa, efetos de quien ama,
tal casamiento impide, y de su corte
salir me manda, y para vos, madama,
este pliego os escribe en favor mío,
testigo de mi loco desvarío.

(Dáselo.)	La dama, que mi esposa creyó en vano
ser en vez de Diana, mi partida
culpa llorosa, llámame tirano,
deshonras finge, quéjase ofendida.
Su persuasión en fin forzó a su hermano
que me asalte con otros, y la vida
me quiten, que a esos pies humilde puesta
su historia y mi desdicha os manifiesta.

Aurora	La primer vez, don Rodrigo,
que ha perdido la ocasión
con merecido castigo
hombre de vuestra nación,
es ésta. La opinión sigo
que por acá España tiene.
En mi casa os estaréis,
donde una plaza os previene
la encomienda que traéis
de mi prima. ¡Ojalá enfrene
la ausencia vuestro pesar!
Llegad, don Rodrigo; a hablar
a mi hermana, intercesora
vuestra.

Rodrigo	Dadme, gran señora,
esos pies.

Narcisa   A restaurar
                        penas de vuestro suceso
                        id; que ya dicho lo había
                        la fama.

Rodrigo   Los pies os beso.

Narcisa   Ya Diana, prima mía,
                        con quien nuevo amor profeso,
                            escrito nos ha a las dos,
                        intercediendo por vos.
                        Por quien sois y por Diana,
                        os hará merced mi hermana.

Rodrigo   Mil años os guarde Dios.

(Vanse. Salen el conde Carlos y Teodoro, de camino.)

Carlos   Tanto resistir, Teodoro,
                        Aurora, ¿qué puede ser?
                        ¡Un año de padecer,
                        habiendo dos que la adoro!
                            No es posible que no tenga
                        cautiva la libertad
                        en ajena voluntad.
                        Esto me obliga a que venga
                            a hacer yo mismo experiencia
                        de mis venturas o engaños.

Teodoro   No sé qué en propios o extraños,
                        con tener tanta licencia
                            la vulgar murmuración,
                        haya hasta agora notado
                        de amante a Aurora, ni dado

indicios a tu opinión.
   Antes contra su aspereza
murmuran cuantos la ven
que en ella corra el desdén
parejas con su belleza.

Carlos
   Pues ¿por qué ingrata y severa,
mi esperanza desanima?

Teodoro
Porque en mucho más se estima,
señor, lo que más se espera.
   Y siendo así, no es acierto
el que has hecho, en no querer
darte agora a conocer.

Carlos
Yo he de servir encubierto
   a la marquesa, Teodoro,
y averiguar de esta suerte
si ajeno amor la divierte.

Teodoro
Yendo contra tu decoro,
   y sirviendo a quien espera
admitirte por señor,
desdices de tu valor.

Carlos
Mis sospechas considera,
   y verás cuán cuerdo fui
en venir a averiguarlas.

Teodoro
Pues ¿no basta a asegurarlas,
señor, la palabra, di,
   de Aurora y su padre?

Carlos
          Es viento

	la palabra en la mujer.
Teodoro	¿De qué modo no ha de ser para ti, si el testamento del muerto marqués dispone que te desposes con ella?

Carlos	¡Qué bien! Como eso atropella,
	Teodoro, un «Dios le perdone».
	   Si no me ama, no intento
	pleitear con su desdén
	ni a mí me puede estar bien
	casarme por testamento;
	   que el casarme no es herencia.

Teodoro	Es concierto entre los dos.
Carlos	Yo he de saber, vive Dios, por qué es tanta resistencia. Cánsate ya de cansarme. Cartas traigo en mi favor de mí mismo.
Teodoro	¡Extraño humor!
Carlos	Agora audiencia ha de darme, que ya las cartas leyó, y su criado he de ser.
Teodoro	¿Pues no te ha de conocer?
Carlos	Jamás Aurora me vio.
Teodoro	Tu retrato la enviaste.

24

| Carlos | Si la doy, cual pienso, enojos, |
| | no habrá puesto en él los ojos. |

| Teodoro | ¿Y si te ama, y te engañaste? |

Carlos	Entonces podré seguro
	descubrirme y desmentir
	sospechas, que han de salir
	con la verdad que procuro.

Teodoro	Alto; pues que das en eso,
	sirve a quien has de mandar.
	¡Qué difícil es de hallar
	sabio rico, amor con seso!

(Salen don Rodrigo y Ascanio, hablando con don Rodrigo cerca de la puerta y distantes ambos del conde y Teodoro.)

Ascanio	Días ha que he deseado,
	señor don Rodrigo, veros,
	serviros y conoceros;
	que la fama que os ha dado
	la que habéis vos conseguido
	y por Italia os alaba,
	a estimaros me inclinaba;
	y pues ya se me ha cumplido
	este deseo, desde hoy
	os rindo una voluntad,
	sujeta a vuestra amistad.

Rodrigo	Yo solo el dichoso soy,
	señor secretario; en eso
	tanto más interesado

cuanto me habéis obligado
con la merced que confieso,
y la experiencia hará llana.

Ascanio   En una casa vivimos,
y a una señora servimos,
cuya hermosísima hermana,
    ya que llego a descubriros
secretos... Mas por agora
se quede, que sale Aurora.
Mucho tiene que deciros
    el alma.

(Salen Narcisa y Aurora, con una carta.)

Aurora   ¿Sois vos por quien
el conde Carlos me escribe?

Carlos   Soy, señora, el que apercibe
un alma... y no dije bien...

(Aparte.)   (Que más hablo como amante
que como el que a servir viene.)

Aurora   Turbado estáis.

Carlos   ¿No conviene
que quien tiene al Sol delante,
    a lo menos al aurora,
no ciegue cuando la vea?
Soy quien acertar desea
a serviros, gran señora.

(Narcisa habla aparte con Aurora.)

Narcisa	Advierte, hermana, que tienes a conde Carlos delante, al retrato semejante.
Aurora	Con mi sospecha conviene. Disimula agora.
(A los otros.)	El conde me escribe en vuestro favor; y como ha de ser señor de este estado, corresponde con lo mucho que le quiero pues me envía adelantado en vos tan noble criado.
Carlos	Mostrar que lo soy espero, agradándoos, gran señora.
Aurora	Dispone mi amor con vos; que sois un alma los dos, según me avisa; y agora, aunque el casarme dilato, Ludovico, he de mostrar con vos lo que sé estimar sus cosas.
Carlos (Aparte.)	(No vio el retrato me desconoce.)
Aurora	Yo he puesto casa que a mi gusto cuadre. Los criados de mi padre eran viejos, y molesto su modo de gobernar. Con cargos que les he dado

en lugares este estado,
podrán todos descansar,
    y yo renovar oficios.
Pues ya por mi cuenta tomo
vuestro aumento, mayordomo
de mi casa os hago.

Carlos   Indicio
    dais de la correspondencia
con que paga vuestro amor
el del conde mi señor.

Aurora   Pues que vuestra suficiencia
    abona, muy bien se emplea
la plaza en vos que os he dado,
porque su mayor privado,
mayor en mi casa sea.

Carlos   Bésooslos pies

Aurora   Don Rodrigo,
por lo mucho que os estima
Diana, y por ser mi prima,
cuyo gusto alabo y sigo,
    os mi maestresala.

Rodrigo   Como a serviros acierte,
será dichosa la suerte
que en ese oficio señala,
    gran señora, mi ventura.

Aurora   El oficio de trinchar
consiste en saber buscar,
español, la coyuntura.

Curioso es, aunque ordinario.
Veré si en provecho vuestro,
sois maestresala más diestro,
que entendido secretario.

(Vase Aurora.)

Narcisa   Esto es tocar en la historia
                 de vuestro amor, don Rodrigo,

Rodrigo   No pensé que, en mi castigo,
                 fuera a todos tan notoria.

Narcisa   ¿«Penseque» otra vez decís?
                 Dejad «penséques» avaros,
                 Que os han salido muy caros,
                 si a restaurarlos venís.

(Vase Narcisa.)

Rodrigo (Aparte.)   (Basta; que a todos ofrezco
                     materia en que satiricen
                     mi cortedad; mas no dicen
                     aun lo menos que merezco.
                     Mi «penséque» se ha extendido
                     por todo el mundo.)

(Carlos habla aparte con Teodoro.)

Carlos   Teodoro,
                 más sospecho lo que ignoro.
                 ¡Que no me haya conocido
                     Aurora! No pongas duda
                 de que de mí no se acuerda.

Teodoro	Tu industria, no sé si cuerda,
	prosigue; que con su ayuda
	podrás salir de este abismo.
Carlos	Yo procuraré saber
	la verdad, pues vengo a ser
	mayordomo de mí mismo.

(Vanse Carlos y Teodoro.)

Ascanio	¡Don Rodrigo, ya el palacio
	esfera de los dos es.
	Yo os vendré a buscar después;
	que os tengo que hablar despacio.

(Vase Ascanio. Sale Chinchilla.)

Chinchilla	¡Señor de mi corazón!
	La priesa que traigo es tanta,
	de verte, que no hago poco
	en no entrar en esta sala
	con mula, freno y cojín.
	¿Es posible que te hallas
	sin Chinchilla en el Piamonte?
	Pon juntas esas dos patas
	en mis labios.
Rodrigo	¡Mi Chinchilla!
Chinchilla	Patea aquestas quijadas,
	o déjamelas besar.
Rodrigo	Presto volviste de España.

Chinchilla	Si estaba sin ti, ¿qué mucho?
	Al viento merced y gracias,
	que a la nave en vez de velas,
	le prestó ligeras alas.
	¿A qué viniste a Saluzo,
	cuando entendí que te hallara
	en Momblán, y de Clavela
	dueño, con estado y casa?
Rodrigo	Gustos son de la condesa.
Chinchilla	Tiene por nombre Diana,
	y hasta en las obras la imita,
	si es que lloras sus mudanzas.
	Luego que a Momblán llegué
	y supe que en él no estabas,
	sin aguardar de Clavela
	quejas, ni de amigos cartas
	fié al camino deseos,
	la paciencia a las jornadas,
	la bolsa a las hosterías,
	y a diez postas las lunadas,
	que vienen cual digan dueñas,
	por no decir batanadas,
	y mecidas, sin ser niño,
	las tripas y las entrañas.
Rodrigo	¿Viste en Madrid a mi hermano?
Chinchilla	Tan cercado de mohatras,
	cargado de pretensiones
	y enmarañado de trampas,
	que no le dieron lugar

para hablarme dos palabras.

Rodrigo   ¿No te preguntó por mí?

Chinchilla   Casi no.

Rodrigo   ¿Cuál fue le causa?

Chinchilla   Reliquias que habrán quedado
de la pendencia pasada,
y el imaginar que iba
por tus alimentos.

Rodrigo   Basta.
Excusa tiene, si debe.

Chinchilla   Fuera de que en toda España
tu crédito está perdido.
La culpa tiene tu fama;
que el castigo del «penséque»
y ocasión perdida, pasa
de boca en boca en la corte.
El «parapoco» te llama.

Rodrigo   ¿Que mis amores se saben
allá?

Chinchilla   Saben que a Diana
perdiste y a Oberisel,
por ser corto y para nada.
Hizo un diablo de un poeta
de tu historia o tu desgracia,
una comedia en Toledo,
«El castigo», intitulada,

«Del penséque», que ha corrido
por los teatros de España,
ciudades, villas y aldeas.
Y aunque ha sido celebrada,
todos te echan maldiciones,
porque siendo español hayas
afrentado a tu nación,
y con ella la prosapia
de los Girones; que dicen
que ninguno de esa casa
supo perder coyuntura
en amores ni en hazañas,
si no eres tú.

Rodrigo   Y dicen bien.

Chinchilla   Yo la vi en Guadalajara
representar a Balvín;
y en saliendo con sus calzas,
hecho lacayo Chinchilla,
subióseme la mostaza
a las narices, y estuve
por darle una cuchillada.
En fin, no hay pensar volver,
mientras vivas, a tu patria,
si tu «penséque» no enmiendas,
porque en ella no te llaman
ya don Rodrigo Girón.

Rodrigo   ¿Pues...?

Chinchilla   Caballeros y damas,
don Rodrigo del Penséque.

Rodrigo	¡Bueno mi crédito anda!
	¿Qué hay en la corte de nuevo?
Chinchilla	Muchas cosas, que es contarlas
	un proceder infinito;
	mas diréte las que bastan.
	Hay en la calle Mayor
	joyerías en qué se halla
	mucha carne de doncella,
	y aunque esta vale barata,
	se vende en cintas.
Rodrigo	Ésa es
	color, por grave, estimada.
Chinchilla	Doncellas que andan en cinta
	y se venden, tripularlas.
	Calles que de puro enfermas,
	por los licores que exhalan
	sus perfumeras nocturnas,
	se han abierto, a fuer de damas,
	fuentes que aumentan sus lodos;
	porque afrentándose el agua
	de vivir en arrabales,
	ya se ha vuelto cortesana
	una plaza generosa.
Rodrigo	Dime mucho de esa plaza.
Chinchilla	Que está, sin ser despensero,
	a puras sisas medrada.
	No hay en la corte mujer
	que peque ya de liviana,
	porque todas traen firmezas

a cuello, si no en el alma.
Anda lo azul tan valido,
que hubo viejo que esta pascua
sacó, por vivir al uso,
azul cabellera y barba.
La multitud de los coches,
en Egipto fuera plaga,
si autoridad en Madrid.
No se tiene por honrada
mujer que no se cochea;
y tan adelante pasa,
que una pastelera dicen
haber comprado una caja,
tirada de dos rocines
que traen la harina que gasta,
en que sábados y viernes
se pasea autorizada;
pero en viniendo el domingo,
hasta el fin de la semana,
trueca el coche por el horno,
y el abano por la pala.
Los mozos que pastelizan,
son cocheros por su tanda;
con que nuestra pastelera
va, aunque gorda, sancochada.
No hay mal que por bien no venga
dígolo, porque afrentadas
las damas de andar a pie,
salen menos de sus casas.
Una premática nueva
ha salido de importancia,
en materia de reforma.

Rodrigo   Eso será, si se guarda.

Chinchilla	Mandan que todos los hombres
	que de cincuenta no pasan,
	cuando en coches anduvieren,
	no puedan llevar espadas.

| Rodrigo | ¿Por qué? |

Chinchilla	Danlos por enfermos,
	y quieren por esta causa,
	que se entienda andar en coches
	lo mismo que andar con bandas.
	Han replicado los mozos
	que como ha tanto que andan
	en coches, no tienen uso
	de caballos —¡Qué ignorancia!—
	por lo cual se les concede
	que por cuatro meses vayan
	en sillones o en jamugas,
	excusando que no caigan.
	Ítem, que todo dolor
	cure a destajo, y por tasa
	concierte la enfermedad,
	sin que pueda cobrar blanca
	miéntras no se levantare
	el enfermo de la cama
	sano y bueno; y si muriere,
	que pague el tal dotor, mandan,
	la botica y sepultura.

Rodrigo	¡Con qué cuidado curaran,
	a ejecutarse esta ley!
	¡Con qué tiento recetaran!

Chinchilla	Ítem, que los sastres corten
	ropas, vestidos y galas
	en presencia de su dueño,
	y que delante de él traigan
	los aforros, hilo y seda,
	vivos, pasamanos, franjas,
	y todo junto lo pesen,
	porque después de acabada
	de coser la dicha ropa,
	por peso vuelvan a darla
	a su dueño, y con el doblo
	restituyan lo que falta.
Rodrigo	No fuera mandato injusto.
Chinchilla	Al menos, si no se guarda,
	habíase de guardar.
	Esto es lo que en Madrid pasa,
	y otras cosas que no cuento.
	Yo te las diré mañana.

(Sale Ascanio.)

Ascanio	¿Qué hacéis, don Rodrigo, aquí
	cuando están todas las amas
	de la marquesa en el parque,
	por balcones y ventanas
	tirando a los gentilhombres
	de Aurora pellas que abrasan
	de amores, con ser de nieve?
	Dejad memorias pasadas;
	andad acá por mi vida,
	y entre nieves sepultadlas.
	Veréis a Narcisa hermosa,

que de una fuente de plata
saca pellas que son negras,
puestas en sus manos blancas.

Rodrigo   Como son carnestolendas,
y aquí se usa celebrarlas
con aplauso y regocijo,
por limones y naranjas,
de que el Piamonte es estéril
tiran pelotas nevadas,
esmeriles de hermosuras,
que las libertades matan.

Ascanio   Huevos hay de azar también.

Chinchilla   ¿Qué mas azar ni desgracia,
que tirar pellas de nieve,
que han de resolverse en agua?
Si hubiera pellas de vino,
yo las sorbiera de chaza;
pero ide nieve y con huevos
sin yemas! ¡Algún sin alma!

Ascanio   ¿Queréis venir, don Rodrigo?

Rodrigo   Vamos; que entre nieve tanta
templaré incendios de amor,
ya que la ausencia no basta.

Ascanio   Aquí hallaréis contrayerba,
si fue veneno Diana,
que cure vuestra memoria.

(Vanse Ascanio y don Rodrigo.)

Chinchilla	Todo es frío en esta casa;
	lo primero, en cuanto es nieve
	su dueño. Aurora se llama,
	que aun por el verano hiela.
	Si son gallinas sus damas,
	huevos ponen; mas son hueros,
	pues que vienen llenos de agua.
	¡Oh botas de San Martín!
	¡Oh espuelas de Rivadavia!
	¿Quién para pasar el puerto
	de tanta nieve, os calzara?
	Que a falta de tal almilla,
	tiritando llevo el alma.

(Vase. Salen Aurora y Narcisa.)

| Narcisa | En fin, ¿te parece bien |
| | el conde Carlos? |

Aurora	Agora
	que la voluntad no ignora
	lo que los ojos ven,
	mejor a Carlos recibo.

| Narcisa | Era tu desdén ingrato. |

Aurora	Fue amante muerto el retrato;
	más eficaz es el vivo.
	La fineza del venir
	disfrazado, a verme, hermana,
	a quererle bien me allana.

| Narcisa | Luego ¿podréle decir |

que se descubra?

Aurora
                              Es muy presto,
pues en nuestra casa está.
Mejor, Narcisa, será,
ya que en él mi gusto he puesto,
    fingiendo no conocerle,
examinar su afición,
inquirir su condición,
y entre tanto entretenerle.

Narcisa
                    En fin, ¿por razón de estado
quieres amar?

Aurora
                              Si ha de ser
mi esposo, y yo su mujer,
¿no es mejor que examinado
    a elegir el alma venga
el dueño que ha de adorar,
que no por necia llorar,
cuando remedio no tenga?
    Prueba un caballo primero
quien le compra, qué tal sale,
con costar, el que mas vale,
solo un poco de dinero;
    y un marido de por vida,
a precio de mil cuidados,
¿quieres tú que a ojos cerrados
se entre en casa?

Narcisa
                              Apercibida
mujer eres.

Aurora
                         Y es razón

que cuando venga a casarme,
no tenga de quien quejarme,
si no es ya de mi elección.
    Catorce años en Jacob
hizo Raquel experiencia
para casarse.

Narcisa   Paciencia
fue mayor que la de Job.

Aurora   Y cuerdo su sufrimiento
Porque hay tanto que saber
de un hombre, que es menester
tan largo conocimiento.
    Yo sé que en aqueste estado
pocas mal casadas vieran,
si los maridos tuvieran
un año de noviciado.
    Pero ¿qué te ha parecido
del español?

Narcisa   Elección
tan digna de la afición
que Diana le ha tenido,
    que no mereció el suceso
con que su amor castigó.

Aurora   Bien la condesa eligió.
Su buen gusto te confieso;
    pero no iguala al de Carlos.

Narcisa   Cualquiera comparación
es odiosa, y tu afición
no acertará a compararlos.

Si va a decir la verdad,
el haber sabido, hermana,
que le quiso bien Diana
la nobleza y calidad,
    que de su linaje cuentan,
las hazañas que le abonan,
los ojos que no perdonan
ocasiones que atormentan;
    la española bizarría
que en él por mi daño vi,
no sé lo que han hecho en mí,
que no soy la que solía.

Aurora   Di que estás enamorada,
y acaba.

Narcisa   Más cuerda soy.
Enamorada no estoy,
pero...

Aurora   ¿Qué?

Narcisa   Estoyle inclinada.

Aurora   ¿Tan presto?

Narcisa   Amor reina, Aurora,
y llegando hoy de camino,
antes la fama previno,
que fue su aposentadora.

Aurora   ¡Buena excusa!

Narcisa   La que has dado

para no casarte luego
con el conde, por mí alego.
Él, hermana, es tu criado,
   y también lo es don Rodrigo.
Si el casamiento dilatas
porque examinarle tratas,
yo también tus pasos sigo.
   También le examinaré
con prudencia y con secreto.
Si es tan cuerdo y tan discreto
y cuando tu gusto esté
   para el conde sazonado,
el mío lo vendrá a estar,
y nos podemos casar
cada cual con su criado.

(Vase Narcisa.)

Aurora   Narcisa ama a don Rodrigo.
¡Oh riguroso poder
de la envidia en la mujer!
¡Qué de ello puedes conmigo!
   Cuando yo le aborreciera,
para adorarle bastara
que mi hermana le alabara,
y conmigo compitiera.
   Al conde empecé a querer,
a pesar de mi rigor,
siendo efímera su amor,
pues que se muere al nacer;
   y este español que ha venido
a despertar mi cuidado,
ausente tan alabado,
y ya presente, querido,

da materia a mis desvelos,
y los del conde deshace;
que amor de la envidia nace,
cuando es hijo de los celos.
     Mas pues despierta a quien duerme
y descuidada me avisa
de aquesta suerte Narcisa,
a su amor he de oponerme
     poniendo en su curso freno,
que sus principios reprima;
porque, en fin, en más se estima
lo que está en poder ajeno.

(Sale Brianda.)

Brianda   Si se quiere entretener
agora, vuestra excelencia,
una apacible pendencia
en el parque podrá ver
     desde aquestas celosías,
que entre nuestras damas pasa
y gentilhombres de casa.
Ellas tiran alcancías
     de nieve, y ellos por dar
aromas a los balcones,
tiran dorados limones,
pomas y huevos de azar.

Aurora   ¿Y está el maestresala entre ellos?

Brianda   Sí, señora.

Aurora (Aparte.)   (No quisiera
que entre tantas damas viera

de alguna los ojos bellos.
   ¡Que pueda la envidia en mí
tanto! ¿Qué es aquesto, cielos?
¿Antes que amor, tengo celos?
Mi muerte en este hombre vi.)
   ¿No podré verlos, Brianda,
bien desde mi camarín?

Brianda   Su balcón sale al jardín
donde están todos.

Aurora   Pues anda,
   llévame una fuente allá
de pellas.

Brianda   Yo voy por ellas.

Aurora   Sin que sepan que las pellas
son para mí.

Brianda   No sabrá
   ninguno para quien son.

(Vase Brianda.)

Aurora   De allí los veré encubierta.
Impórtame que divierta
este hombre; que la ocasión,
   en los ojos poderosa,
puede en alguna beldad
ocupar su voluntad,
y tenerme a mí celosa.
   Hombre a quien quiso Diana,
digno es de estimación.

Si es español y Girón,
no le merece mi hermana.
  Ya sea amor, ya frenesí,
ya condición de mujer,
a ninguna ha de querer,
me ha de querer a mí.

(Vase Aurora. Salen Rodrigo y Chinchilla.)

Rodrigo   Chinchilla, ¡qué bellas damas
                     tiene la marquesa!

Chinchilla   Bellas;
                     mas hielan con tantas pellas
                     el alma.

Rodrigo   De Amor las llamas
                     se aumentan con esta nieve.

Chinchilla   Si fuera el Amor agora
                     de gusto de cantimplora,
                     a fuer de señor que bebe
                        nieve en verano e invierno,
                     el brindis de tu afición
                     pudiera hacer la razón;
                     que ya te imagino tierno.
                        Mas yo que lo bebo puro,
                     aborrezco amor nevado;
                     que ha de estar por fuerza aguado,
                     y así excusarle procuro.

Rodrigo   ¿No es Narcisa hermosa dama?

Chinchilla   Bien te holgara de pasar

puesto que ha andado en nevar,
su puerto de Guadarrama.
  ¿Hubo pellita?

Rodrigo   Y en ella
fuego que el alma traspasa;
que también la nieve abrasa.
De alquitrán fue aquella pella,
  no de nieve.

Chinchilla   ¿Ya tenemos
bobuna? Pues ¿la condesa?

Rodrigo Siendo imposible su empresa,
y la ausencia toda extremos,
  Narcisa ha de ser triaca
del veneno de su amor.

Chinchilla Bien dices, porque un dolor
con su contrario se aplaca.
  Si te abrasó su hermosura,
Narcisa como discreta,
mientras pellas te receta,
tu fuego con nieve cura.

Rodrigo   No hay otra Narcisa en el mundo.

Chinchilla ¿Mas que habemos de tener,
señor, por esta mujer,
otro «penséque» segundo?

(Tiran del palacio una pella que da en el sombrero de don Rodrigo.)

   ¡Ay!

Rodrigo	¿Qué ha sido?
Chinchilla	Pella fue.
Rodrigo	Derríbame a mí el sombrero,
	¡Y quéjaste, majadero!
Chinchilla	De verla venir me helé.
	Abrió esa celosía
	una mano de cristal,
	y a fe que no acierta mal.
Rodrigo	Un papel dentro venía.
	¿Hay invención semejante?
	Ya tienen alma las pellas.
Chinchilla	Preñadas, como doncellas
	al uso, están. No te espante.
	Mas, por Dios, es maravilla
	que esté, hasta la nieve helada,
	en este tiempo preñada.
Rodrigo	¿Leeré?
Chinchilla	Pues.
Rodrigo	Oye, Chinchilla.
(Lee.)	«Cierta dama de palacio, lisonjeada
	por hermosa, y que quiere fiar de vuestro
	buen gusto la certeza de si lo es o no,
	tiene el suyo puesto en y vos; y por
	inconvenientes que al presente instan,

48

importa por ahora no darse a conocer, hasta que el tiempo haga alarde de su vista, como ahora de su voluntad. No dispongáis de la vuestra, que como forastera andará buscando posada, hasta que sepáis si es a vuestro propósito la que tantos pretenden, y vos solo merecéis. El cielo os guarde.»

¿Hay mas extraña aventura?

Chinchilla	Las tuyas siempre lo son.
Rodrigo	¿Ya empieza otra confusión?
Chinchilla	Ésta, por Dios, que es escura.
Rodrigo	¿Si es Narcisa?
Chinchilla	Puede ser.
Rodrigo	¡Ay! ¡Qué dicha, si fuera ella!
Chinchilla	Alcahueta hizo una pella; mas ¿qué no hará una mujer?
Rodrigo	Apenas de un laberinto salgo, ¡y en otro me veo!
Chinchilla	Si no eres mejor Teseo que en el otro, aunque distinto, en aqueste, vive Dios, que ha de haber segunda parte del «penséque». Industria y arte

nos han de hacer a los dos
dichosos. Sirve y pretende,
y date por entendido;
que mujer ilustre ha sido
ésta nuestra dama duende,
si crédito hemos de dar
al modo con que te escribe.

Rodrigo   Si es Narcisa, ya apercibe
el alma centro y lugar,
en que como dueño asista.
A la condesa he olvidado.

Chinchilla   Libranzas Amor te ha dado;
mas no son a letra vista,
pues a tu dama no ves.

Rodrigo   Habré por fe de querella.

Chinchilla   ¡Válgate el diablo por pella!
Amante eres piamontés.
Aunque no se manifieste,
finge amarla, si regala.

(Sale Aurora, y quita a don Rodrigo el papel de las manos.)

Aurora   ¿Qué hacéis aquí, maestresala?

Rodrigo   Estoy...

Aurora   ¿Qué papel es éste?

Rodrigo   No sé, por Dios. En el suelo
le hallé, y alzándole acaso...

Chinchilla (Aparte.)   (¡En la trampa al primer paso!
                       Despedidura recelo.)

Aurora   La letra conozco bien.

(Rodrigo y Chinchilla hablan aparte.)

Rodrigo   ¿Leele?

Chinchilla   ¡Y cómo! ¡Y muy despacio!

(Lee.)

Aurora   «Cierta dama de palacio,
                      lisonjeada...» ¡Oh, qué bien!
                          ¿De muchos?

Chinchilla   Si no te escapas,
                      que hay fraterna, es cierta cosa.

(Lee.)

Aurora   «Lisonjeada por hermosa...»

Chinchilla   ¡Al primer tapón zurrapas!

Rodrigo   ¿Hay igual desgracia?

(Lee.)

Aurora   «Quiere
                      fiar de vuestro buen gusto...»

Chinchilla	Amor que empieza por susto,
	bueno va. Si no se muere,
	nos envía a los dos
	a Alón.
Rodrigo	¿Quieres callar, necio?
Chinchilla	Ya lee paso, ya recio.

(Lee.)

Aurora	«Tiene el suyo puesto en vos...»
	¡Qué dama tan de repente!
Chinchilla	Para copla no era mala.
	¡Por Dios, señor maestresala,
	que se te arruga la frente!
	Algún sin alma que aguarde
	lo que esperamos los dos.

(Lee.)

Aurora	«Tantos pretenden, y vos
	merecéis. El cielo os guarde.»
	Esta casa, don Rodrigo,
	está poco acostumbrada
	a libertades, criada
	toda su gente conmigo.
	No es Saluzo Oberisel.
	Escarmentad; que por Dios,
	que otra vez haga de vos
	lo que de aqueste papel.

(Rásgale.)

Chinchilla (Aparte.)   (¡Zape!)

Aurora (Aparte.)   Andad. (Bueno va ansí,
                            que si en ser curioso da,
                            por lo menos no sabrá
                            que soy yo quien le escribí.)

                            Fin de la primera jornada

Jornada segunda

(Sale Ascanio.)

Ascanio   Amor, vuestro absoluto y real respeto
de conde de Monreal, me ha trasformado
en secretario: de señor, criado.
Vuestro fuego es la causa, yo el efeto.
    En la contemplación de tal objeto,
secretario me hiciera mi cuidado
de mí mismo, si no hubieran llegado
a profanar los cielos mi secreto.
    Mira Narcisa apasionadamente
a don Rodrigo, para darme enojos,
y en vano, siendo así, callar presumo
    Es mina Amor, y es fuerza que reviente
cuando no por la boca, por los ojos,
él convertido en fuego, ellos en humo.

(Salen Aurora y Narcisa, hablando con su hermana sin ver a Ascanio.)

Narcisa   Anda, hermana; que estás ya
demasiada.

Aurora   Yo digo
la verdad.

Narcisa   Si don Rodrigo
a mi amor materia da,
    ¿qué pierdo en quererlo?

Aurora   Mucho.

Ascanio (Aparte.)   (Basta, que vienen las dos

tratando del ciego dios.
¿Esto veo? ¿Aquesto escucho?
   Desiguales competencias,
Narcisa se ha declarado.
El español es amado;
no hay que hacer más experiencias.
   Caballero es don Rodrigo.
Voy a probar su valor,
y si puede en él amor
más que la lealtad de amigo.)

(Vase Ascanio.)

Narcisa   Don Rodrigo es principal,
y es Girón, que le engrandece.
Ya sabes tú que ennoblece
su casa con sangre real.
   ¿Qué defeto hallas en él,
sabiendo que quiso, hermana,
su esposo hacerle Diana,
condesa de Oberisel?

Aurora   Es extranjero.

Narcisa   ¿Qué importa?
Nunca las personas reales
se casan con naturales.

Aurora   De ejemplos, Narcisa, acorta;
   que esposo te dan los cielos
de más valor e importancia.
Yo intento casarme en Francia,
y has de imitarme.

Narcisa	¿Son celos, por tu vida?
Aurora	¿Yo? ¿De quién?
Narcisa	Del español que procuras desacreditar.
Aurora	¡Locuras!
Narcisa	Yo sé que le quieres bien.
Aurora	Desterrarle he de mi estado, si con tan bajas quimeras, en ese error perseveras.
Narcisa	¿Luego al conde has olvidado de Borgoña, mayordomo de tu casa y voluntad?
Aurora	Hombre de más calidad ha de ser mi esposo.
Narcisa	¿Cómo?
Aurora	Pretende monsiur de Guisa darme el alma con la mano, y Federico, su hermano, intenta también, Narcisa, ser tu esposo. Porque veas cuán diversos pensamientos solicitan tus intentos, las cartas quiero que leas que los dos nos han escrito

en orden a esto.

Narcisa (Aparte.)   (Envidiosa
de la suerte venturosa
con que mi amor solicito
  con don Rodrigo, pretende
divertirme de él Aurora;
pero engañaréla agora.)

Aurora   ¿Qué respondes?

Narcisa   Que me ofende
  tu mudable condición;
¿A Carlos no te inclinabas,
cuando vino, y ponderabas
su buen talle y discreción?
  Pues ¿quién te mudó tan presto,
que el de Guisa te aficiona?

Aurora   La fama que lo pregona,
en tal opinión ha puesto
  al duque de Guisa, hermana,
que le quiero bien. Duquesa
vengo a ser, si soy marquesa.
Ya ves lo mucho que gana
  nuestra casa, y el valor
que a su sangre corresponde,
lo que va de un duque a un conde
y cuál me estará mejor.

Narcisa   ¿Al conde olvidas?

Aurora   Pues bien,
¿qué quieres decir en eso?

Narcisa	Pues la verdad te confieso,
	si ya no le quieres bien.
	¡Cuánto mejor te estará,
	si eres duquesa de Guisa,
	el ver condesa a Narcisa
	de Borgoña!

Aurora	¿Cómo?

Narcisa	Ya
	puedo declarar contigo
	mis amorosos desvelos.
	Por no dar causa a tus celos
	fingí amar a don Rodrigo,
	siendo el conde de Borgoña
	quien mi amor tiranizó,
	desde que el alma bebió
	por los ojos su ponzoña;
	mas pues este estorbo cesa,
	según tu elección me avisa,
	y casándote tú en Guisa,
	me puedes hacer condesa,
	déjame a Carlos, Aurora,
	y deberéte este estado;
	que yo he visto en su cuidado
	que te olvida y que me adora.

Aurora	Si yo a quien soy no mirara,
	te cerrara, necia, loca,
	con un candado la boca,
	y la lengua te cortara.
	¿Tú tienes atrevimiento
	tan soberbio y licencioso,

que a quien me da por esposo
de mi padre el testamento,
oses mirar?

Narcisa
                    ¿Ya me alegas
testamentos? Buena estás
si al duque elegido has,
y a su amor el alma entregas,
    no sé por dónde ni cómo
de mí puedas agraviarte.

Aurora   ¿Tú conmigo has de igualarte?

Narcisa   ¿Es mucho que a un mayordomo
        pretenda, cuando tú cobras
a un duque?

Aurora   No lo verás.

Narcisa   Si como a menor me das
alimentos de tus sobras,
    ¿en qué te igualo? ¿No dejas
a Carlos?

Aurora   ¿Yo?

Narcisa   Ahora acabas
de afirmar que al duque amabas,
y que olvide me aconsejas
    por su hermano a don Rodrigo.

Aurora   Mis sospechas lo fingieron,
porque en tus intentos vieron
la traición que usas conmigo;

	que ni el de Guisa me ha escrito,
	ni otra sino yo ha de ser
	del conde Carlos mujer.

Narcisa
Pues ya, hermana, no compito
    contigo. Satisfacerte
de mi buen gusto podrás,
si a don Rodrigo me das,
pues quedo de aquesta suerte
    yo casada y tú contenta,
y a España me partiré.

Aurora
Los ojos te sacaré
primero que tal consienta.

Narcisa
    Si no hay Federico ya,
y tú al conde Carlos quieres,
cuando al español me dieres,
¿qué hay perdido?

Aurora
                No tendrá
    tan mal gusto don Rodrigo,
si a Diana quiso bien
que satisfechos estén
sus pensamientos contigo.

Narcisa
    Si no estriba más que en eso
la causa de tus enojos,
ya me han dicho a mí sus ojos
que mi amor le quita el seso.

Aurora
¿Tú a don Rodrigo?

Narcisa
                    Trinchando,

en verme se divirtió
hoy, y un dedo se cortó,
y aun yo le oí suspirando
    decir entre llanto y risa,
baja la voz y compuesta:
«Amor que sangre me cuesta
compasión dará a Narcisa.»
    Yo entonces tomé la presa
que tanto mal vino a hacer,
y un lienzo dejé caer
a sus pies junto a la mesa,
    que creyendo ser Brianda
suyo, en viéndole, le alzó;
y dándosele, esmaltó
su noble sangre en mi holanda.
    Mira en esto lo que infieres
y si el ser mi esposo es llano,
pues yendo el lienzo a su mano,
me he casado por poderes.

Aurora   Cortaréte yo la tuya,
          y saldrá tu industria vana.

Narcisa   Pues acabemos, hermana,
          y este pleito se concluya,
            que estás terrible conmigo,
          y tengas gusto o pesar,
          yo me tengo de casar
          con Carlos, o don Rodrigo.

(Vase Narcisa.)

Aurora   ¿Qué mudanzas, decid, envidia mía,
          son éstas, que a mi amor hacen Proteo?

¿Cuándo os pensáis quietar, loco deseo,
que amáis, no la elección, mas la porfía?
    Al conde quiero ya que aborrecía;
porque Narcisa pone en él su empleo,
al español me inclino porque veo
que en ella amor, y celos en mí cría.
    Sombra soy de ml hermana. A cualquier parte
que va su voluntad, doy en seguilla;
y sin amar, amor me da desvelos.
    Mas si su hacienda entre las dos reparte
mi padre aun hasta aquí, ¿qué maravilla
que ella herede el amor y yo los celos?

(Sale don Rodrigo, con un lienzo atado de la mano izquierda.)

Rodrigo   ¿Qué manda vuestra excelencia?

Aurora   Mucho debéis, don Rodrigo,
                      pues no hago en vos un castigo
                      ejemplar, a mi paciencia.
                          Agradeced a mi prima
                      y al amor que os ha tenido...

Rodrigo   No sé en qué os haya ofendido.

Aurora   Que a no saber en la estima
                          que con ella habéis estado,
                      no excusara la ocasión
                      que dais a mi indignación.

Rodrigo   Pues yo ¿en qué..!

Aurora   ¿No os he avisado
                      que las damas de mi casa

las pretensiones no admiten
que los palacios permiten,
cuando el uso por ley pasa?

Rodrigo   Pues ¿en qué, señora, excedo
a lo que vos me mandastes?

Aurora   ¡Lindamente os enmendastes!
Agradecéroslo puedo.
    Basta, que contra la fama
que en esta casa ofendéis,
dais en galán y tenéis
dentro en mi palacio dama.

Rodrigo   ¿Dama yo?

Aurora   Pues os escribe
y os correspondéis los dos,
siendo cortesano vos,
¿quién duda que no recibe
    de sus papeles respuesta?

Rodrigo   [De quien puede ser, no sé.]
El que aquella tarde hallé,
que haciendo en el parque fiesta
    a vuestras damas, la nieve
me tiraron, y leí;
mas ni al dueño conocí,
ni habrá quien contra mí pruebe
    que después que vuexcelencia
sin culpa me reprendió,
haya pretendido yo
con alguna diligencia
    saber quién la dama ha sido;

de que estoy tan ignorante,
cuan libre de ser su amante.

Aurora
Buena excusa habéis fingido,
  pues si acabo de cogella
este segundo papel,
¿podéis excusar en él
el aviso de la pella?

Rodrigo
  ¡Segundo papel a mí,
gran señora!

Aurora
      Tomad, vedle.
Si no me creéis, leedle,
que agora se le cogí;
  y si con él no os convenzo,
y responder no podéis,
pues que cortado os habéis,
la mano, enviadla el lienzo.
  Mas bien podréis; que no ha sido
la derecha la cortada;
que ésa estará reservada,
para ser agradecido.

Rodrigo
  Si conozco a esa mujer,
si la he visto, si la he hablado,
un traidor disimulado
me mate, y no llegue a ver
  mi patria; de mí murmure
el que más mi amigo fuere;
los estudios que escribiere
un idiota los conjure;
  el que anduviere conmigo,
cuando esté ausente, me ofenda;

pleitee, sirva, pretenda...

Aurora   Leed, leed, don Rodrigo.

Rodrigo   Pues vos me lo mandáis, leo;
                puesto que a creer me incita
                que vive en la ley escrita
                quien me escribe y nunca veo.

(Lee.)   «Don Rodrigo, Amor os llama
                "para poco", pues no os mueve
                un papel que envuelto en nieve,
                disfrazó en ella su llama.
                Buscad curioso la dama
                que, descuidado o cobarde,
                os busca y manda que aguarde
                Amor, niño invencionero,
                a una reja del terrero
                esta noche. El cielo os guarde.»

                De aquí puede colegir,
                señora, vuestra excelencia
                mi descuido y negligencia,
                y si he intentado salir
                    del límite que me puso
                en el primero papel.

Aurora   La que os muestra amor en él
                y agora os tiene confuso,
                    es mi sangre, tan hermosa,
                que no es mucho si la veis,
                que la condesa olvidéis
                por ella. Ha de ser esposa
                    de un ilustre potentado,

66

con quien casarla pretendo;
y así del amor me ofendo
que os muestra y he castigado.
   Cuando la cogí el papel.
de tal suerte la reñí,
que temerosa de mí,
os quisiera dar en él
   veneno. Hame prometido
de olvidar vuestra afición,
y por aquesta ocasión,
a mostrárosla he venido.
   No vais, Rodrigo, al terrero
esta noche, ni ofendáis
su secreto, si os preciáis
de leal y caballero;
   porque si os ve diligente
en averiguar quién es,
será difícil después
lo que agora fácilmente
   se remediará en los dos.

Rodrigo   Digo que sea así, madama.

Aurora   Lo que no se ve, no se ama.
Yo sé que si la veis vos,
   no ha de ser después posible
el dejarla de querer.

Rodrigo (Aparte.)   (¡Válgate Dios por mujer,
cuanto alabada, invisible!)

Aurora   Dadme ese lienzo que es suyo.

Rodrigo   Está sangriento, señora.

Aurora	Haréle quemar agora;
	que así principios destruyo
	que puedan dar ocasión
	a que yo viva ofendida.
	Mostrad. ¿Es algo la herida?

Aurora

Haréle quemar agora;
que así principios destruyo
que puedan dar ocasión
a que yo viva ofendida.
Mostrad. ¿Es algo la herida?

Rodrigo

No, señora.

Aurora

Este listón,
en vez del lienzo os atad.

(Dale uno.)

Rodrigo

¡Tanto favor!

Aurora

No es favor
ocasionado de amor,
sino de necesidad.
Mirad que me prometéis
de no salir al terrero
esta noche.

Rodrigo

Solo quiero
daros gusto.

Aurora

Acertaréis.

Rodrigo

No intento más que serviros.

Aurora

(¡Ay sangre, que poco a poco
me abrasáis! Pues que ya os toco,
¿quién bastará a resistiros?
Ni ¿cómo tendré sosiego,

si cuando el alma os conserve,
la sangre sin fuego hierve,
y hoy venís a sangrc y fuego?)

(Vase Aurora. Sale Chinchilla.)

Chinchilla   ¿Esta casa está encantada?
                    Vive Dios, que es en Saluzo
                    de casta, Amor, de lechuzo.

Rodrigo   ¿Qué es eso?

Chinchilla   ¡Oh, señor! No es nada.
                    Acá nos lo habemos yo
                    y una dama piamontés,
                    que al conde Partinuplés
                    a escuras encantusó.

Rodrigo   ¿Díceslo por mí?

Chinchilla   Y por todos
                    los pecadores, amén.
                    Amante soy yo también.
                    Los mismos pasos y modos
                       de tus confusiones sigo,
                    porque de una misma traza
                    vayan la mona y la maza.

Rodrigo   ¿Estás loco?

Chinchilla   Verdad digo.
                       Sin ti, y entre cuatro dueñas...
                    ¡Mira con quién y sin quién!
                    ...y tres doncellas también...

digo doncellas por señas
   que en lo demás no me meto,
...en la antecámara estaba,
y con ellas conversaba,
más compuesto que un soneto...
   Mira si en amar te imito.

Rodrigo

   ¡Ay Chinchilla, si supieras
mi confusión!

Chinchilla

            ¿Hay quimeras
nuevas?

Rodrigo

        Otra vez me ha escrito
mi encubierta dama.

Chinchilla

            ¿Agora?

Rodrigo

Y me espera en el terrero
esta noche.

Chinchilla

          ¿Por febrero?
Gatuno es tu amor.

Rodrigo

         Aurora
  le cogió el papel, y airada,
leyéndole, me obligó
a no amarla.

Chinchilla

         ¿Cómo no?

Rodrigo

Dice que está concertada
  con un potentado.

Chinchilla	¡Bien! ¿Y descubrióte quién era?
Rodrigo	¡Dichoso yo, si eso hiciera! Hame mandado también que ni saber solicite quién es y, aunque viva en duda, ni que aquesta noche acuda al terrero.
Chinchilla	A tal emvite, nada harás en no querer.
Rodrigo	Mandómela tan hermosa y dice es difícil cosa oyéndola, no la querer. ¡Si está con ella celosa, según me lo afirmó aquí!
Chinchilla	Celosa de ella o de ti?
Rodrigo	Es cosa dificultosa; que no la vea me avisa.
Chinchilla	¡Válgame Dios! ¿Quién será?
Rodrigo	Por las señas que me da yo sospecho que es Nareisa.
Chinchilla	De esa estoy yo sospechoso.

(Sale Ascanio.)

Ascanio	Don Rodrigo, de vos vengo

muy sentido, y sé que tengo
ocasión de estar quejoso.

Rodrigo   Declarad aquesa enigma;
que todos habláis aquí
misterios.

Ascanio   Desde que os vi,
os he tenido en la estima
 que vuestro valor merece.

Rodrigo   Y yo obligado os estoy.

Ascanio   Pero el no saber quién soy,
justa disculpa os ofrece.
 Oíd aparte.

(Sepáranse de Chinchilla, Ascanio y don Rodrigo.)

       Monreal
por su conde me respeta;
y Amor, que cetros sujeta
y al oro iguala el sayal,
 le enamoró de Narcisa
de la suerte que sabéis,
pues en su casa me veis
sirviendo.

(Llegándose a los dos Chinchilla.)

Chinchilla   Cuéntelo aprisa;
 que es ya de noche, y tenemos
mucho que hacer.

(Retírase.)

Ascanio

                        Competencias
que entre nuestras acendencias
pasaron a los extremos
    de bandos y enemistades,
me han quitado la esperanza
con que el matrimonio alcanza
dulce unión de voluntades.
    Amor, por esta razón,
manda que en su casa viva
secretario, donde escriba
sus tormentos mi pasión,
    y como los celos ven
cosas que les dan enojos,
daisme a entender en los ojos
que Narcisa os quiere bien.
    Aquesto es verdad, por Dios.

Rodrigo

¿Qué es lo que decís?

Ascanio

                        Yo digo
lo que he visto, don Rodrigo.
No ha media hora que a las dos,
    digo a Aurora con su hermana,
vi riñendo, y que decía
que de vuestra gallardía,
digna elección de Diana,
    vuestro valor y nobleza,
tan enamorada estaba,
que haceros dueño intentaba
del oro de su belleza.

Rodrigo (Aparte.)

(¡Gracias a Dios, que he sacado

en limpio este borrador!)

Ascanio   ¡Mirad qué tal es su amor,
y si me habéis agraviado
    sin culpa, aunque desde agora
podré quejarme de vos!

Rodrigo   Ni yo la he hablado, por Dios,
hasta aquí, ni de señora
    madama entendí jamás,
que Narcisa se mudara;
mas pues así se declara
fiad, conde, desde hoy más,
    que no halléis en mí ocasión
de sospecha ni de celos.

Ascanio   Han guarnecido los cielos,
amigo, vuestro Girón
    del oro mas acendrado
que apuró la cortesía.
Ya sabéis la historia mía;
y en esa fe confiado,
    fío mi dicha de vos.
Sois generoso y discreto;
no agraviéis mi secreto,
ni nuestra amistad. Adiós.

(Vase Ascanio.)

Chinchilla   ¿Qué tenemos?

Rodrigo   De hoy comience
mi dicha con claridad;
que en cosas de voluntad,

74

	lo cierto es, viva quien vence.
Chinchilla	¿No me dirás lo que ha habido?
Rodrigo	Lo cierto es que soy amado de Narcisa, y que el cuidado de mi amor pagado ha sido. No me preguntes más.
Chinchilla	Quiero, como tú contento estés, y no lloremos después. ¿Habemos de ir al terrero?
Rodrigo	¿Eso dudas?
Chinchilla	Noche es ya.
Rodrigo	Prevenme espada y rodela.
Chinchilla	Yo seré tu centinela; pero Aurora ¿qué dirá?
Rodrigo	Lo que quisiere, y también Ascanio, si me condena; que por pretensión ajena no he de dejar a mi bien.

(Vanse los dos. Sale Aurora a una ventana.)

Aurora	Si siempre la privación fue aumento del apetito, y que aquí venga limito a don Rodrigo Girón,

75

no perderá la ocasión,
que con los estorbos crece
e imposibles apetece;
pues con Amor, donde anima,
lo difícil tiene estima,
y lo fácil desmerece.
    Ya, envidia, os habéis trocado
por otro afecto mayor.
Envidia, ya sois amor
verdadero y declarado.
Harto caro os ha costado,
pues sabéis, alma rendida,
que él dio sangre, y vos la herida;
mas pues sangre le costáis,
nadie diga que no vais,
por lo menos, bien vendida.

(Salen Rodrigo y Chinchilla.)

Chinchilla	¡Cuerpo de Dios con la noche!
Rodrigo	¡Brava oscuridad, Chinchilla!
Chinchilla	Para ensartar abalorios, o afeitar barbas, es linda.
Rodrigo	¿Si habrá venido al terrero esta nuestra dama en cifra, por quien ando más confuso que un poeta academista?
Aurora	Ce, ¿es don Rodrigo?
Chinchilla	Con «ce»

desde aquellas celosías
te llama una dama trasgo;
celos temo que te pida.

Aurora   ¿Sois vos español?

Rodrigo   No sé
si soy yo, señora mía,
o si mi amor encantado
me ha trasformado en vos misma.
¡Qué de ello que me costáis!

Aurora   Pues yo ¿qué os cuesto?

Rodrigo   Dos riñas
de Aurora, sin conoceros.

Aurora   Lo más caro, en más se estima.
¿Estáis muy enamorado?

Rodrigo   Puesto que lo estoy de oídas,
si la que imagino sois,
el alma os tengo rendida;
aunque si de los favores
que me hacéis, es bien colija
sus efectos mi esperanza,
todas paran en desdichas.

Aurora   ¿Por qué?

Rodrigo   El primero es de nieve
juzgad, cuando amor se cría
entre llamas, si será
posible que helado viva.

Aurora	Con amor, la nieve abrasa,
	y sin él, el fuego enfría.
	No amáis, si la nieve os hiela.
Rodrigo	Todo aqueso es tropelía.
	Escribísme que queréis
	saber si os miente el que os pinta
	tan hermosa. y que yo sea
	juez que el pleito defina
	y sabiendo que ha de ser
	el proceso vuestra vista,
	no os viendo, ¿de qué manera
	os he de guardar justicia?
Aurora	Hay tantos impedimentos
	en casa, y puede la envidia,
	que de vos algunos tienen,
	tanto...
Rodrigo	¿De mí?
Aurora	Que me obliga
	a que de vos me recate.
Rodrigo	¿De qué suerte?
Aurora	Me castigan
	porque ayer os escribí
	otro papel.
Rodrigo	¿Quién podía
	por eso a vos castigaros?

Aurora	Quien os recela, y os mira con pasión, y es poderosa.
Rodrigo	¿Es la marquesa?
Aurora	¿Y no es digna de vuestro amor la marquesa?
Rodrigo	Es su hermosura divina; mas dicen que adora a Carlos.
Aurora	No sé en eso lo que os diga; pero sé de que le pesa que os pretenda y que os escriba.
Rodrigo	Y vos proseguís, señora, estos amores tan tibia, que cuando con imposibles de verdaderos se animan, juráis de olvidarme.
Aurora	¿Yo?
Rodrigo	La marquesa así lo afirma.
Aurora	¿Y no mienten las marquesas?
Rodrigo	No ignoro yo que hay mentiras en las cortes, tituladas, mercedes y señorías; mas de Aurora no lo creo.

(Sale Ascanio, sin ver a nadie.)

79

Ascanio	Celos, como sois espías,
	al desengaño esta noche
	servid de postas perdidas.

(Salen Carlos, sin ver a nadie, y Teodoro.)

Carlos	Yo he de averiguar agora
	lo que no puede día,
	y saber si a la marquesa
	otro amante desatina.
Teodoro	¿No te asegura su hermana?
Carlos	Mis recelos imaginan
	que en otra parte se abrasa
	quien conmigo está remisa.
Chinchilla (Aparte.)	(De dos en dos van viniendo
	o rondantes o estantiguas
	de palacio. Haceos allá
	o hacedme lugar, esquina.)
Rodrigo	En fin vos me queréis bien;
	pero mi amor no os obliga
	a que me digáis quién sois.
Aurora	Recelo, cuando os lo diga,
	que me aborrezcáis por fea.
Rodrigo	Eso no; que os apadrina
	de la marquesa el abono,
	pues de suerte os acredita
	en discreción y belleza,
	gracia, sazón, bizarría,

que tiene por imposible
que la libertad no os rinda
si os veo.

(Carlos habla aparte con Teodoro.)

Carlos   ¿Qué te parece,
Teodoro? ¡Si se confirman
mis sospechas, con la noche,
tercera de estas visitas!
Agora importa saber
quién son los que solicitan
hipócritas voluntades,
disimuladas de día.

Teodoro   No es la marquesa, a lo menos.

Carlos   Mucho de una mujer fías,
ocasionada por moza,
y peligrosa por rica.

Ascanio (Aparte.)   (Un hombre habla en el terrero,
y una dama desde arriba.
Acrecentando sospechas
mi esperanza desanima.
¡Válgame Dios! ¿Quién será?)

Rodrigo   Por más que el recato finja
con que de mi os encubrís,
¡por Dios, que estáis conocida!

Aurora   ¿Pues quién soy?

Rodrigo   Si me juráis,

	como la verdad os diga,
	no negarla, os lo diré.
Aurora	Confesarélo, por vida
	de la cosa que mas quiero.
Rodrigo	Pues digo que sois Narcisa.
Ascanio (Aparte.)	(¡Ay cielo! ¿Qué es lo que escucho?
	¡Ay, alma, siempre adivina!)
Aurora	¡Jesús! ¡Qué lejos que dais
	del blanco!
Rodrigo	Es ciego el que tira;
	pero yo sé que lo acierto.
Aurora	¿Pues qué ocasión os, obliga
	a creer tal disparate?
Rodrigo	Amor, cuya monarquía
	mis cortos merecimientos
	a vuestro valor sublima.
Aurora	Pues ¿quiéreos Narcisa a vos?
Rodrigo	Y de suerte, que ofendida
	la marquesa, o envidiosa
	de que papeles me escriba,
	hoy ha reñido con ella.
	Acabad, señora mía,
	que quien oyó la pendencia
	lo que me quiere me avisa.

Ascanio (Aparte.)	(Esto es hecho; el español es éste. Lo que temía, averigüé. ¡Qué indiscreto es quien de extranjeros fía!)
Rodrigo	Confesadme que sois vos.
Aurora	¿He de confesar mentiras?
Rodrigo	Vuestra vida habéis jurado.
Aurora	No lo soy, por vida mía; que Narcisa quiere al conde.
Rodrigo	¿Qué conde es éste?
Aurora	Aquí habita cierto conde disfrazado, a quien amorosa mira la dama que os desvanece.
Ascanio (Aparte.)	(Yo soy ése. No hay quien viva conde en casa, sino yo.)

(Carlos habla aparte a Teodoro.)

Carlos	¿Mas si me amase Narcisa, viendo que estoy en su casa, Teodoro, como éste afirma?
Rodrigo	Díjome que érades vos su sangre.
Aurora	¿Pues no podía,

	en fe de aquesa verdad,
	ser yo la marquesa misma?
Carlos	Teodoro, ¿no escuchas esto?
Teodoro	Bien puede ser que se finja
	la que no es. Escucha y calla.
Rodrigo	La marquesa es prenda digna
	del amor del conde Carlos.
Aurora	¿Y si fuese yo la misma,
	pesáraos de que os amara?
Rodrigo	No es mi estrella tan benigna
	que tal ventura merezca;
	puesto que yo a una cinta,
	que coronando esperanzas,
	dio salud a cierta herida.
Aurora	Pues tampoco soy Aurora,
	porque ésa a Carlos dedica
	la libertad, que a su fama
	ha tanto que está ofrecida.
Carlos	¡Eso sí, locos deseos!
Teodoro	¡Cuál estabas ya!
Carlos	Sin vida,
	sin seso, sin esperanza.
Rodrigo	¿Quién sois, pues?

Aurora   Soy de dos primas
                        que en palacio tiene, una.
                        Entre Sirena y Arminda,
                        ¿cuál os parece mejor?

Rodrigo   ¿Qué sé yo?

Ascanio (Aparte.)   (Si no es Narcisa
                        la misma que estoy oyendo,
                        y las esperanzas mías
                        saben que es de un conde amante,
                        disfrazado por servirla,
                        ¿qué tengo más que esperar?
                        Si mi ventura averigua
                        su seguridad mañana,
                        yo, Amor, os prometo albricias.)

(Vase Ascanio.)

Carlos   Teodoro, yo he de saber,
                        primero que se despidan,
                        quien son los que me atormentan,
                        aunque me cueste la vida.
                        Ven y calla.

Teodoro   Callo y voy.

(Vanse Carlos y Teodoro.)

Rodrigo   Pues ni ruegos ni porfías
                        bastan con vos, vive el cielo,
                        que he de volverme a Castilla.
                        Adiós, oscura señora.

Aurora	Escuchad.
Rodrigo	Vamos, Chinchilla.
Aurora	Esperad un poco.
Chinchilla	Esperen los judíos su Mesías.
Rodrigo	Si no me decís quién sois, perdonad; que martirizan tantas tinieblas a un alma.
Aurora	Esperad, pues, que os lo diga.
Rodrigo	Ya espero.
Aurora	La que mañana cuando Aurora salga a misa con sus damas, como suele, al entrar de mi capilla tropezase, yendo vos a tenerla, y con fingida industria os dejare un guante, ésa es la que os desatina. Y con esto, adiós.

(Retírase Aurora de la ventana.)

Chinchilla	Metióse.
Rodrigo	Alto; ello va por enigmas. ¡Paciencia! ¿Qué dices de esto?

Chinchilla	¿Qué diablos quieres que diga?
Rodrigo	¿Tienes ganas de acostarte?
Chinchilla	No será con las gallinas; mas con los mochuelos sí.
Rodrigo	¡Oh si el Sol se diese prisa para echar ya confusiones a una parte!
Chinchilla	¡Oh si una silla te echase Amor, con su freno!
Rodrigo	Anda, necio.

(Vase don Rodrigo, y por una reja baja se asoma Brianda y coge de la capa a Chinchilla.)

Brianda	¡Ce, ah Chinchilla!
Chinchilla	¿Ah Chinchilla, y a estas horas?
Brianda	No te vayas.
Chinchilla	¿Quién me tira?
Brianda	Quien te adora.
Chinchilla	¿A mi adorar? ¿Estoy en la platería?
Brianda	Sosiégate.

Chinchilla	¿Pues quién eres,
	alma o cuerpo?

Brianda	¿Ya te olvidas
	de la dama que esta noche
	te ofreció a escuras la vida,
	y te tomó de la mano?

Chinchilla	Di lo que quieres, aprisa.

Brianda	Que me quieras.

Chinchilla	¿Eres dueña,
	o doncella? ¿Vieja o niña?
	¿Blanca, negra, moza o ama.
	hija, madre, grande o chica?

Brianda	Soy tamaña, que pudieran
	traerme al cuello por higa
	si el cristal fuera azabache.

Chinchilla	Serás dama cristalina.
	¿Llámaste?

Brianda	Con «bri» comienza
	mi nombre, y su «don» encima.

Chinchilla	¿«Don» con «bri»? Doña Bribona,
	si ya no eres doña Brizna,
	doña Brígida.

Brianda	Tampoco.

Chinchilla	¿Estás en la letanía,

	o en el libera nos, Domine?
Brianda	No hay saberlo, aunque porfías mientras no me prometieres ser mi marido.
Chinchilla (Aparte.)	(¡A tu tía!) ¿Al matrimonio te acoges? ¿No son primero las vistas?
Brianda	Yo sé que no te arrepientas.
Chinchilla	Ahora bien, para que diga de sí o no, dame esa mano.
Brianda	De esposa os la doy.
Chinchilla	¡Qué fría! ¡Qué flaca, y qué floja está! Y en fin, para ser Francisca, ¡qué de nudos de cordón traen los dedos por sortijas! ¡Vive el cielo, que parecen manojo de disciplinas o espárragos de Portillo, si no son de cañafístola!
Brianda	No hagas caso de las manos; que aunque me desacreditan, lo demás es de manteca. Toca la fisonomía.
Chinchilla	Cariredonda pareces.

Brianda	¿Pues es malo?
Chinchilla	En redondillas me enamoras, vive Dios.
(Le tienta los anteojos.)	¡Ay!
Brianda	¿Qué ha sido?
Chinchilla	¡Antojadiza!
Brianda	Tráigolos, por el sereno, de noche.
Chinchilla	¿Y te melindrizas? ¡Bueno! ¿Son negros, o zarcos?
Brianda	Negros.
Chinchilla	¿Mucho?
Brianda	Como endrinas.
Chinchilla	Pues serán espadas negras; que por ser amor esgrima, se ha puesto, por no lisiarme, antojos por zapatillas.
Brianda	¿Qué buscas?
Chinchilla	Lo que no hallo, la narigación.
Brianda	¿No atinas

	con ellas?
Chinchilla	No.
Brianda	Aquéstas son.
Chinchilla	¿Éstas romas?
Brianda	¿Qué querías?
Chinchilla	Si roma me voy por todo, ¡por Dios, si te arromadiza! Roma dama que no topes que tirar, sino es con pinzas, ¿mona hay que las trae mayor?
Brianda	¿Pensabas que era judía?
Chinchilla	No; mas redonda y sin ellas, cara tienes de boñiga. Sutiles jinetes son los antojos, pues encima pueden tenerse, aunque vayan a la jineta o la brida. ¿Hay tal esterilidad de narices en las Indias? Puedes pretender, por chata, una plaza de cacica. ¡Válgate el diablo por roma!
Brianda	Si él me viera, no diría tantas faltas.

(Salen Carlos y Teodoro, con acompañamiento, y dos criados con hachas. Vase Brianda en el momento que Chinchilla la ve a favor de la luz.)

Carlos	Alumbrad.
Chinchilla (Aparte.)	(¡Jesús! ¡Ánimas benditas! ¿Qué he visto?)
Carlos	¿Quién sois? Teneos.
Chinchilla (Aparte.)	(¿Hay tal visión, tal arpía, cigüeña blanca y negra, tal urraca o golondrina? Yo me muero pues vi al diablo, a la muerte, a Celestina, y a una dueña, que es peor. ¡Válgate el diablo por niña!)
Carlos	¿Qué hacéis a tal hora aquí?
Chinchilla	Pecados, señor, hacía, los más chatos y asquerosos que la inquisición castiga.
Carlos	¿Hónrase bien el palacio de la marquesa, Chinchilla, hablando agora a sus damas?
Chinchilla	¿Damas? ¡Blasfemia! ¡Herejía!
Carlos	¿Quién hablaba aquí con vos?
Chinchilla	Una rapaza, que tía dicen que fue de Adán y Eva.

Carlos	Y vuestro señor, ¿sería el presumido galán, que de noche solicita las damas que no conoce? ¿Quién era ella?
Chinchilla	Si a la mía se parece, la tarasca del Corpus Cristi sería.
Carlos	Decid quién es, y advertid que la marquesa me envía a averiguar la verdad.
Chinchilla	Pues vuestra merced la diga, que yo estoy espiritado, es una visión o estantigua que agora de ver acabo; que me echen agua bendita, conjurándome, y después sabrá que la que venía a tentarme, empieza en «bri», y tiene su «don» encima.
Teodoro	Ésa fue doña Brianda.
Chinchilla	Doña avestruza sería.
Carlos	¿Y la que habló a don Rodrigo?
Chinchilla	Vuesas mercedes me sigan, y sabránlo si me alcanzan. ¡Dueñas! El cielo os maldiga.

(Carlos habla aparte con Teodoro.)

Carlos   ¡Celos de este español llevo.

Teodoro   ¿De qué, si él ama a Narcisa,
                  como a ti las dos hermanas?

Carlos   No tengo yo tanta dicha.

                  Fin de la segunda jornada

Jornada tercera

(Salen Aurora y Carlos.)

Carlos
           Esto es lo que me escribe,
y pidiéndoos licencia, os apercibe
que a Narcisa, señora,
elige por esposa.

Aurora
               El conde ¿ignora
que por el testamento
de mi padre ha de ser el casamiento
conmigo?

Carlos
            No pretende
daros Carlos disgusto.

Aurora
                 ¿En qué se ofende?

Carlos
Piensa que quien dilata
sus bodas tanto, no con gusto trata
tomar seguro estado,
o en otra parte emplea su cuidado;
y como Amor es prisa,
vuestra tibieza ha hecho que en Narcisa
se mude el que le abrasa;
que si el sujeto trueca, no la casa;
que siendo hermana vuestra,
que estima al marqués difunto muestra.

Aurora
¡Notable amor sin duda
es el de Carlos, pues así se muda!
Las firmes aficiones
se suelen arraigar con dilaciones.

Si él de veras amara,
deseos a imposibles aumentara.
¿Qué celos su paciencia
combaten? ¿Qué desdén? ¿Qué competencia?

Carlos   Todo le da cuidado,
y más el sospechar que no es amado;
que Amor, todo deseos,
atajos busca, pero no rodeos.

Aurora   Y vos tan diligente
hacéis sus partes, que aunque viva ausente,
no lo parece.

Carlos   ¿Cómo?

Aurora   Amante habláis, mejor que mayordomo.
¿Quién duda que Narcisa
os tiene cohechado y os avisa
que en plumas y en papeles
al conde Carlos le sirváis de Apeles
pintádola tan bella
que su mudable amor mejore en ella.

Carlos   Si tal al conde he escrito...

Aurora   Su mudanza causó vuestro delito,
mas no ha de hallar colores
con que disculpe Carlos sus amores.
Escribidle que venga
luego a Saluzo, y liberal prevenga
galas de boda y fiesta,
si solo dilación su amor molesta;
porque al punto que llegue,

la mano le daré, porque sosiegue.

Carlos   Yo en persona pretendo
                ganar estas albricias; que sintiendo
                prorrogar su esperanza,
                su temor escribió, no su mudanza,
                que a Narcisa quería;
                mas yo sé, gran señora, que mentía.

(Vase Carlos.)

Aurora   ¿Qué os importa que mi hermana
                ame al conde, alma envidiosa?
                Yo no puedo ser esposa
                de dos, esto es cosa llana.
                Mas —¡ay violencia tirana!—
                aunque Amor os aconseja,
                siempre me tendréis con queja;
                porque el que a escoger se anima,
                aunque lo que escoge estima,
                suspira por lo que deja.
                   Dejo a Carlos cuando escojo
                al español. ¿Qué he de hacer,
                si el conde en otro poder,
                iguala el gusto al enojo?
                Venga Carlos, pues me arrojo
                a tan atrevido acuerdo,
                y Amor entre loco y cuerdo,
                no los suelte de la mano;
                pues si alegra lo que gano,
                causa envidia lo que pierdo.

(Sale Brianda.)

Brianda   Ya es hora que vuexcelencia
                 salga a misa, si ha de oílla,
                 porque espera en la capilla
                 el capellán.

Aurora   (No hay paciencia
                 que sufra esta competencia.
                 Narcisa por darme pena
                 competir conmigo ordena;
                 mas venceré su porfía;
                 que prenda que ha sido mía,
                 no es bien que la envidie ajena.

(Vanse Aurora y Brianda. Salen don Rodrigo y Chinchilla.)

Chinchilla   Ya dicen que la marquesa
                 con sus damiselas sale
                 a misa.

Rodrigo   Como señale
                 quién es la que en tal empresa
                    me promete, con el guante,
                 aclarar mi confusión,
                 iventurosa la ocasión
                 que espero!

Chinchilla   Encantado amante
                    has sido; imas vive Dios,
                 que si la dama que esperas,
                 y tan bella consideras,
                 ve y nos iguale a los dos,
                    y es tan pobre de narices
                 como la que anoche vi,
                 que he de reírme de ti!

Rodrigo	¡Qué de disparates dices! Anda, necio.
Chinchilla	¡Oh qué Narcisa, qué Aurora en ella verás! Ofrézcola a Satanás.
Rodrigo	Oye, que salen a misa.

(Salen Aurora y acompañamiento.)

Chinchilla	Aurora viene delante.
Rodrigo	Hasta en esto ha sido Aurora.
Chinchilla	Ten cuenta si cae agora, y al tenerla te da el guante.
Rodrigo	No tengo tal dicha yo Carlos sí, que es quien la iguala.
Aurora	¿Qué hacéis aquí, maestresala?
Rodrigo	Como tanto madrugó vuexcelencia, imaginé que fuera salir quería, y a acompañarla venía.
Aurora	Anoche me desvelé, y por eso he madrugado. Mal, don Rodrigo, he dormido.
Rodrigo	¡Dichoso el que ha merecido

desvelar vuestro cuidado!

Aurora   ¿No venís á misa?

Rodrigo   Espero
que vos entréis, gran señora.

Aurora   ¡Ah! sí.

(Habla aparte con su amo Chinchilla.)

Chinchilla   Aquí tropieza agora.

Rodrigo   ¿Quieres callar, majadero?

(Vase Aurora con su acompañamiento.)

Chinchilla   ¡Malos años, y qué tiesa
que se entró! ¿Mas que ha almorzado
asadores? Ya has sacado
que no será la marquesa.

(Salen Narcisa, Brianda y acompañamiento, y cruzan la escena para en entrar en la capilla.)

Rodrigo   Que es Narcisa. ¿Tú no adviertes
el amor con que me mira?

Chinchilla   Flechas con los ojos tira,
que dan vidas, y dan muertes.
¡Dichoso tú, si tropieza!

(Narcisa y su acompañamiento entran en la capilla, quedándose atrás Brianda.)

Pero ¡por Dios, que ha pasado
más tiesa que un empalado!
Hecha es toda de una pieza.
    Mi dueña desnarigada
quedó.

(Brianda, tropezando junto a don Rodrigo.)

Brianda   ¡Jesús sea conmigo!
¡Ay! Téngame, Don Rodrigo.
Rompióse la capellada
    del chapín. A no estar vos
aquí, cayera.

(Brianda habla aparte a don Rodrigo.)

                    Cumplido
queda así lo prometido
anoche, del guante. Adiós.

(Le deja un guante y vase Brianda.)

Chinchilla   ¿Dejóte el guante?

Rodrigo   Dejóme
el demonio que te lleve.

Chinchilla   ¿Ésta fue la de la nieve?
Sarna es Amor, que la come.

Rodrigo   ¡Vive Dios, si no pensara
que Narcisa por probarme
ha querido así burlarme,

que con la dueña abrasara
esta casa!

Chinchilla   Estate en eso,
                         y entre tanto el guante ten.

Rodrigo   ¡Oh! ¡Un rayo le abrase, amén!

(Arrójale.)

Chinchilla   ¿Le arrojas? ¿Estás sin seso?
                           Guárdale, y, luego averigua
                         la confusión de tu queja,
                         pues es reliquia por vieja,
                         de la imagen del Antigua.

(Sale Ascanio.)

Ascanio   En fin, don Rodrigo, en vos
                         degeneró la nobleza
                         de España, con la firmeza
                         que la amistad en los dos
                           fundó, y tuvo por segura.
                         ¡Buen amigo hicistes hoy!

Rodrigo (Aparte.)   (Para el humor con que estoy,
                         viene a buena coyuntura
                           este necio.) Pues de mí
                         ¿qué queja, conde, tenéis?

Ascanio   Lo que a escuras pretendéis,
                         como amor es llama, vi
                           anoche, con el castigo
                         que os dio la que imaginastes

ser Narcisa, y no acertastes.
¡Paga de un ingrato amigo!

Rodrigo
Pues ¿quién os dijo de mí
tal mentira?

Ascanio
Quien hablaba
con vos, y os desengañaba
del soberbio frenesí
que a Narcisa os prometió.

Rodrigo
En fin, ella os quiere bien.
Daros puedo el parabién.
Una dama me escribió;
y ni yo sé quién es ella,
ni vos podéis con razón
tenerme en mala opinión.
Hacedle vos conocella,
y en su presencia veréis
cuán poco culpado estoy.

Ascanio
Satisfecho, español, voy
mas agora no podéis
saber quién la dama fue;
que así se lo he prometido.

(Aparte.)
(Que hablé con ella he fingido.
Mal decírselo podré;
pero, pues Narcisa es cierto
que me quiere, necio estoy
en no decirle quién soy.)
Adiós, don Rodrigo.

(Vase Ascanio.)

Rodrigo   Muerto
                          de celos y confusión
                          me deja este hombre.

Chinchilla   Sí hará;
                          pero el guante bien podrá
                          servir de declaración
                              en tan confusa demanda.
                          Mas ¿sabes lo que imagino?
                          Que somos tres al mohíno
                          y nos revuelve Brianda.

(Salen Narcisa y Brianda, hablando a la puerta de la capilla.)

Narcisa   En fin, se ha ya declarado
                          mi hermana; ya al conde quiere,
                          y a los demás le prefiere,
                          pues a Carlos ha mandado
                              que a Borgoña parta luego,
                          para que al conde prevenga
                          que a punto a Saluzo venga
                          de boda.

Brianda   A escribirle un pliego
                              se entró, acabada la misa.
                          Para en uno son los dos.

Narcisa   Don Rodrigo, ¿aquí estáis vos?
                          ¿Qué tristeza es ésa?

(Habla aparte a Brianda.)

                                     Avisa
                          al secretario, y ve luego;

que a Carlos quiero escribir
a quien adora mi fuego.

(Vase Brianda.)   ¿No me habláis? ¿No respondéis?
¿En qué os habéis divertido?

Rodrigo   Siempre vive mi sentido
en la confusión que veis.
    Perdonadme; gran señora,
si en quimeras ocupado,
se descuida mi cuidado
de hablaros.

Narcisa   Mi hermana Aurora
    se nos casa, maestresala.
Por el de Borgoña envía
para darnos un buen día.
Nuestra corte está de gala;
    no estéis triste solo vos;
que del bien de la marquesa
nos dais señales que os pesa.

Rodrigo   Mil años los guarde Dios.
    ¡A mí pesarme! ¿Por qué?

Narcisa   Vuestra tristeza responde
por vos.

Rodrigo   Y el amor de un conde,
que en vuestros ojos se ve,
    me dice también a mí
que presto segundaréis
bodas, con que os igualéis
a las suyas.

Narcisa	¿Cómo así?
	¿Quiere casarme mi hermana
	con algún conde?
Rodrigo	Encubierto,
	por vuestra hermosura muerto,
	lo que yo he perdido gana,
	y ya os llama su mujer.
Narcisa	No os entiendo.
Rodrigo	¡Bien por Dios!
Narcisa	Si fuérades conde vos,
	Rodrigo, pudiera ser.
Rodrigo	¿Cómo es esto?

(Chinchilla habla aparte a su amo.)

Chinchilla	¡Vive Cristo,
	señor, que es ésta la dama,
	que adivinaste y nos ama!
	Ya de mis burlas desisto.
	¿No ves el favor que te hizo?
	Declárate.
Rodrigo	Gran señora,
	no soy conde; pero agora
	ese favor solenizo,
	puesto que yo sé de vos
	que del fuego en que me abraso
	olvidada...

(Chinchilla habla aparte a su amo.)

Chinchilla
                    ¡Al caso, al caso!
                ¡Al punto, cuerpo de Dios!

Rodrigo
                    Estimáis otro trasunto,
                mejor diré original,
                que del conde de Monreal
                trasladáis.

(Chinchilla habla aparte a su amo.)

Chinchilla
                    ¡Al caso, al punto!

Narcisa
                    ¿Qué Monreal? ¿Qué conde es ése?
                Don Rodrigo, ¿estáis en vos?

Chinchilla
                Mi amo...

Rodrigo
                    ¡Ah loco!

Chinchilla
                        ¡Por Dios!
                Que ha de oírlo, aunque te pese.
(A ella.)
                    Narcisa, en breves razones,
                quiere con cuerdos avisos
                imprimiros seis Narcisos,
                y vestirlos de jirones.
                    Daos las manos; que es descanso
                de decir presto «sí» o «no»,
                pero Aurora nos cogió.
                Yo hablé por boca de ganso.

(Sale Aurora.)

Aurora	¿Qué «síes» o «noes» son éstos?
Chinchilla	El sí que has dado alababa, al conde aquí, y ponderaba que «sies» y «noes» prestos son cuerdos, si es que penetras la brevedad con que puso el «si» o «no» la ley y el uso, pues tiene solas dos letras.
Aurora	¿Quién os mete en alaballos, a vos, para que igualéis sillas que en doseles veis, con las sillas de caballos?
Chinchilla	Con mi señor vengo yo...
Aurora	No entréis otra vez aquí; que si entráis y habláis así...
Chinchilla	Yo me voy entre «sí» y «no».

(Vase Chinchilla.)

Aurora	Traedme un búcaro de agua, maestresala.
Rodrigo	Voy por ella.

(Vase don Rodrigo.)

Aurora	El fuego que te atropella, y en desatinos fragua, Narcisa, me ha de obligar

a que este español destierre
de Saluzo.

Narcisa   Cuando yerre
en hablarle, si a casar
   con el conde te dispones,
y por él has enviado,
ya, Aurora, pasa el cuidado
que siempre en mis cosas pones,
   de hermana a más que enemiga;
y no por serlo mayor,
has de usar de ese rigor,
si la envidia no te obliga.

Aurora   Ven acá. ¿Quieres al conde?

Narcisa   Quísele; mas ya no sé.

Aurora   Pues al conde te daré,
si a tu gusto corresponde,
   cuando venga.

Narcisa   Y eso; ¿es justo?

Aurora   Yo quiero, por tu provecho,
si Carlos te ha satisfecho,
perder, hermana, mi gusto.

Narcisa   ¿Y tú?

Aurora   Con monsiur de Guisa,
de las flor-de-lises Sol...

Narcisa   ¿Y qué hará, del español?

Aurora	Desterraréle, Narcisa.
Narcisa	Mal podrás si anda contigo, y en tu voluntad se esconde. Cásate tú con el conde, y déjame a don Rodrigo.

(Vase Narcisa.)

Aurora	Como él me dejara a mí, sí hiciera. ¡Ay, envidia mía! Si ya sois Amor, ¿quién fía tan grande hazaña de sí? Sin duda que don Rodrigo a Narcisa el alma ha dado; mas si él me lo ha confesado, ¿qué dudo? ¿Qué es lo que digo? Declárese mi afición; que ya no es razón, deseos, que améis por tantos rodeos, cuando aprieta la ocasión.

(Salen Sirena, con un búcaro de agua en una salvilla, y don Rodrigo con una toalla.)

Rodrigo	Ésta es el agua, madama.
Aurora	¿Por qué vos no la traéis?
Rodrigo	En palacio, ya sabéis ser costumbre que una dama sirva siempre a su señora la copa, no el gentilhombre.

Aurora	¡Qué bien os cuadra ese nombre!
(Aparte.)	(Un Sol es, si soy Aurora.)
(Prueba el agua.)	¿Qué agua es ésta?
Sirena	¿Qué ha de ser?
	La que de ordinario bebes,
	de canela.
Aurora	¿Tú te atreves
	de ese modo a responder?
	Si la probaras primero,
	tu oficio hicieras mejor.
Rodrigo	Pues ¿qué tiene?
Aurora	Mal sabor.
	Echaros la culpa quiero
	a vos de esto, maestresala
Rodrigo	Yo, señora, la tendré,
	puesto que antes la probé,
	y no me pareció mala.
Aurora	¿No? Pues probadla, tened;
	probadla otra vez.
Rodrigo	No es justo
	que aquí...
Aurora	Veré si en mi gusto,
	o en el vuestro va. Bebed.

(Echa don Rodrigo un poco de agua en la salvilla y la bebe.)

	¿Por qué en la salva la echáis?
Rodrigo	¿Había de beber yo por el barro?
Aurora	¿Por qué no? ¡Qué escrupuloso que estáis!
Rodrigo	A los señores de salva se les hace de este modo.
Aurora	Hoy sois ceremonias todo. ¿No está salada?
Rodrigo	En la salva no sabe, señora, a sal. Buen sabor tiene, por Dios.
Aurora	Siempre os sabe bien a vos lo que a mí me sabe mal.
Rodrigo (Aparte.)	(¿Qué es esto?)
Aurora (Bebe otra vez.)	Dadla acá. Digo que hecha una salmuera está.
Rodrigo	El búcaro lo estará.
Aurora	Probadla en él, don Rodrigo. Tomad, bebed por aquí.
Rodrigo	Gran señora...

Aurora	No os turbéis.
Rodrigo	Pues ¿por dónde vos bebéis...?
Aurora	Sí, por donde yo bebí, porque no lo atribuyáis a melindre. ¿Qué os parece?
Rodrigo	El barro la sal ofrece, justamente me culpáis.
(Aparte.)	(¡Vive Dios, que sabe bien! Pero por no desmentirla, el humor he de seguirla.) ¿Traerán otra?
Aurora	No me den más agua, y con ella pena.
Rodrigo	(De esto, Amor, ¿qué colegís? ¿Qué imagináis? qué decís?
Aurora	Quítamela allá, Sirena.

(Vase Sirena.)

Aurora	Podrá ser que el nuevo estado que al conde mi amor propone, don Rodrigo, desazone mi gusto, y que esté salado, sin que lo esté la bebida.
Rodrigo	Eso, señora, será, puesto que en Carlos podrá

cobrar la sazón perdida;
   que adora a vuestra excelencia,
y es a su valor igual.

Aurora	No me estaba el conde mal

No me estaba el conde mal
si yo tuviera experiencia
   en esto de amar, mayor;
pero en mi vida he querido
y entrarse luego un marido
en casa, es grande rigor
   sin venir por sus cabales;
quiero decir por desvelos,
rondas, competencias, celos,
y otras finezas iguales.

Rodrigo   Yo así lo entiendo, señora.

Aurora   Vos que a Diana servistes,
y en Momblán su amante fuistes,
podéis enseñarme agora,
   primero que el conde venga,
qué es amar, qué es tener celos,
porque en aquestos desvelos
experiencia mi amor tenga;
   que si va a decir verdad,
a los que aman así envidio.

Rodrigo   De arte amandi escribió Ovidio
pero todo es falsedad;
   que el amor y la poesía
por arte no satisfacen,
porque los poetas nacen,
y el amor amantes cría.

Aurora	¿El natural perficiona el arte?
Rodrigo	Es, señora, así.

Aurora	Amo al conde que no ví
	porque la fama le abona.
	  Que me perficioue quiero
	el arte agora por vos.
	Solos estamos los dos.
	Enseñadme a amar, primero
	  que venga; que sois discreto.
	Yo deseo estar celosa.

Rodrigo	Vos deseáis una cosa harto terrible, os prometo; pero ¿cómo, gran señora, queréis que os enseñe yo lo que no sé?

Aurora	Quien amó,
	jamás los celos ignora.
	  Tracémoslo así los dos.
	Vos el conde os fingiréis,
	que me amáis y pretendáis,
	y yo celosa de vos,
	  porque hablar de noche os vi
	con cierta dama, a reñiros
	vengo, por ver si a pediros
	celos acierto.

Rodrigo	Sea así, pues que vos de eso gustáis.

Aurora   Empiezo pues mi quimera;
veamos de qué manera
de mi enojo os disculpáis.
   Cuando a Saluzo venistes,
conde, y a servirme entrastes
a darme envidia empezastes,
que en afición convertistes.
   Celos tuve de mi hermana,
que a darme celos se atreve,
y envuelto mi amor en nieve,
correo de una ventana
   fue, que un papel os llevó,
enigma, cuyo secreto
acertara el que es discreto;
mas no lo merecí yo.
   Creístes ser de Narcisa,
aumentando mis enojos,
sin conocer por los ojos
lo que el amor os avisa;
   y de suerte os persuadistes
a que mi hermana había sido,
que en mirarla divertido,
la mano ayer os heristes.
   Echóos un lienzo a los pies,
que os dio creyendo Brianda
ser vuestro, y gozó su holanda
la sangre que yo después,
   trocada por un listón.
con aquel favor creyera
avisaros, si no viera
de cuán poco efeto son
   con vos oscuros favores
si he de creer «el castigo
del penséque», don Rodrigo...

digo Carlos... que en amores
   sois tan corto, como largo
en hazañas y valor.
Viendo en vano aquel favor,
en un papel os encargo
   que vais de noche al terrero
donde os espera amorosa
la dama que está celosa
y entre nieve os dio el primero.
   Y después de ponderarlos,
y aumentar vuestra afición,
privándoos de la razón,
don Rodrigo... Digo, Carlos...
   de ordinario me equivoco,
cuando trato de los dos;
mas yo cuando estoy con vos,
del conde me acuerdo poco.

Rodrigo   Antes que pase ese cuento
adelante, sepa yo
si habláis con el conde o no;
que aunque a Carlos represento,
   parece que vais conmigo
relatando mi suceso.

Aurora   Mis celos ensayo en eso;
que ignorando, don Rodrigo,
   los que Carlos no me ha dado,
quiero en los vuestros probar
si los sé pedir y dar.

Rodrigo (Aparte.)   (¿Hay amor mas enredado?)
   ¿Yo, en fin, la materia doy
a vuestros celos agora,

                                verdadera, gran señra,
                                y un conde de burlas soy?

Aurora   Tomad en aqueste paso,
                                pues representáis a dos,
                                lo que veis que os toca a vos,
                                y de esotro no hagáis caso,
                                    y vaya el cuento adelante.

Rodrigo (Aparte.)   (¡Válgate Dios por mujer
                                tan difícil de entender!)

Aurora   Fuistes, cortesano amante,
                                    al terrero; y en sus rejas,
                                creyendo hablar a mi hermana
                                mi esperanza hicistes vana,
                                y acrecentastes mis quejas.

Rodrigo   ¿Luego érades vos, señora,
                                la que hablábades conmigo?

Aurora   Fínjolo así, don Rodrigo.
                                No me interrumpáis agora.
                                    Vos que entre tanta quimera,
                                Teseo segundo fuistes,
                                impaciente me pedistes
                                que os declarase quién era.
                                    Y yo de cifras cansada,
                                dije que el siguiente día
                                si la marquesa salía,
                                con otras acompañada,
                                    a su capilla, la dama
                                que junto a vos tropezase,
                                y un guante suyo os dejase,

ésa daba a vuestra llama
   materia. Fuime con esto;
pero cuando salí a misa,
agraviada que en Narcisa
vuestros gustos hayáis puesto,
   a Brianda le mandé
que cayendo, os diese el guante,
y con burla semejante
burlas de mi amor pagué.
   Mas pues en ella se funda
vuestra amoroso interés,
y pudiendo ser marqués,
por una hermana segunda
   a la primera dejáis,
quedaos para inadvertido,
corto, desagradccido,
pues sin entrambas quedáis;
   pues casándonos las los,
y desterrándoos de aquí,
yo quedo vengada así,
y como merecéis vos.

(Hace que se va.)

Rodrigo   ¡Señora! ¡Señora mía!
Oíd en burlas o en veras,
disculpas que verdaderas
amorosa el alma os fía.
   A no tener yo por cierto
que era otro el dueño querido
por vuestro gusto elegido,
por vuestra belleza muerto;
   a creer que aquella nieve
de vuestra mano salió;

que aquel papel escribió;
que el listón que el alma os debe,
    fue favor más que piedad;
que en las rejas del terrero
volvistes cera el acero,
las tinieblas claridad;
    que adorara considero,
sin dar causa a vuestras quejas
nieve, papel, listón, rejas,
noche, tinieblas, terrero,
    celos, pendencias, castigo,
disgustos, enimas, guante...

Aurora   Basta, basta. ¿Habláis amante
                como conde, o don Rodrigo?

Rodrigo   ¿Qué sé yo? Decidlo vos.

Aurora   Como Carlos ha de ser,
                porque esto se venga a hacer
                más al propio entre los dos.

Rodrigo   De cualquiera suerte gano
                en la merced que me hacéis.

Aurora   Pues si enojada me veis,
                ¿no fuera bien que una mano
                    me tomárades y en ella
                imprimiérades los labios?
                Disculpárades agravios,
                enterneciéndoos con ella.
                    A ser como vos el conde,
                tan poco sabrá obligar,
                como vos representar.

Rodrigo   Mi cortedad os responde;
                          pero yo me enmendaré.

(Le va a tonar la mano.)

Aurora   Tarde me la habéis pedido.

(Mudando de repente de acción y tono.)

                         Bien mis celos he fingido.
                         A Carlos escribiré
                            que a desposarse mañana
                         venga, pues mi mayordomo
                         le despacho.

Rodrigo   ¡Ay cielos! ¿Cómo
                         esto oigo ahora?

Aurora   Mi hermana
                            os quiere bien, yo lo siento...
                         No me deis pena, Rodrigo.
                         Mirad que otra vez os digo
                         que de aqueste fingimiento,
                            mentiroso y verdadero,
                         lo que os está bien toméis.

Rodrigo   ¿Cómo, si a Carlos queréis?

Aurora   Quiero; pero no le quiero.

(Vase Aurora.)

Rodrigo   i«Quiero; pero no lo quiero»

cuando por Carlos envía!
¿Qué es esto, confusión mía?
Esperando, desespero.
Que me quiere considero,
que no me quiere me avisa
el ver que con tanta prisa
a Carlos envía a llamar.
Caríbdis es de este mar
Aurora, y Scila Narcisa.

 En elección tan oscura,
necedad es no escoger
la hermosura y el poder
más que sola la hermosura.
Si el atreverse es ventura,
y ésta consiste en hablar,
yo me voy a declarar
con Aurora, gane o pierda;
que no es la vergüenza cuerda,
que se pierde por callar.

 Sin decirme si ni no,
se fue; pues si no me amara,
con enojo me mirara;
amorosa me miró.
Al mayordomo llamó;
que va por el conde advierto.
Callando —icielos!— me ha muerto;
pero no pienso olvidalla;
pues si dicen que quien calla,
otorga, que me ama es cierto.

(Vase don Rodrigo. Salen Ascanio y Chinchilla.)

Chinchilla   En fin, ¿no te has atrevido
        a hablar a Narcisa?

Ascanio	No.
Chinchilla	Mal has hecho.
Ascanio	Ya sé yo, Chinchilla, que soy querido.
Chinchilla	Pues viene el conde, no es mala esta ocasión; que á río revuelto... et cetera.
Ascanio	Estoy resuelto. Ya que eres del maestresala tan querido, que te fía su pecho, he de confiarte mi deseo.
Chinchilla	A declararte comienza, pues.
Ascanio	Este día estará Carlos aquí.
Chinchilla	Adelante.
Ascanio	La marquesa se ha de casar con la priesa que sabes.
Chinchilla	Todo es así.
Ascanio	Narcisa me quiere bien.

Chinchilla (Aparte.)   (Tal te dé Dios la ventura.)

Ascanio   Las fiestas dan coyuntura
                        a mis amores.

Chinchilla   Pues bien...

Ascanio   Si de boda a verla voy,
                        en día de boda y fiesta,
                        y mi amor le manifiesta,
                        en tal ocasión, quién soy,
                            ¿quién duda que ha de olvidar
                        bandos y guerras odiosas,
                        y con paces amorosas
                        a Narcisa me ha de dar?
                            ¿Qué te parece?

Chinchilla   Extremado
                        arbitrio.

Ascanio   Di a don Rodrigo,
                        pues es mi mayor amigo,
                        la traza que en esto he dado.

Chinchilla   Yo voy.

Ascanio   Haz, Amor, que goce
                        mi dicha con trazas nuevas.

Chinchilla (Aparte.)   (¡Muy gentil despacho llevas,
                        cuando ella no te conoce!)

(Vanse los dos. Salen Aurora y don Rodrigo.)

Aurora	Al fin, esta noche el conde tiene de entrar.
Rodrigo (Aparte.)	(No hay hacer que me venga a responder a propósito. ¿Por dónde la podría yo obligar que me diga de sí o no?)
Aurora	Por esto no se partió el mayordomo.
Rodrigo (Aparte.)	(¿Hay pesar que al mío igualarse pueda?)
Aurora	Al amanecer me escribe, don Rodrigo, que apercibe su entrada, y cuando suceda así, no sé si será bien que para recibirle, madrugue tanto.
Rodrigo	Escribirle vuestra excelencia podrá Agora la bienvenida, y yo le daré el papel cuando venga.
Aurora	Bien; en él queda esta falta cumplida.
Rodrigo	A llamar al secretario voy pues.

Aurora	Estando los dos aquí, y escribiendo vos, no es esotro necesario; cuanto y más que de mi mano será escribirle forzoso a quien me la da de esposo.
Rodrigo	Todo amor es cortesano. En tan lícitos favores licencia tenéis, señora.
Aurora	La primer vez será agora que escribo cosas de amores. Yo no lo sabré notar; esto quiero que hagáis vos. Vaya el papel por los dos.
Rodrigo (Aparte.)	(¿En esto había de parar mi ambicioso pensamiento?)
Aurora	¿Qué decís?
Rodrigo	Que se haga así.
Aurora	Traed el recado.
Rodrigo (Aparte.)	Aquí está todo. (¡Ay, pensamiento!)
Aurora	Decid; que yo escribiré, y advertid que vaya tierno y grave.
Rodrigo (Aparte.)	(Si en un infierno

126

me veo, ¿qué le diré?)

(Nota don Rodrigo, y escribe Aurora.)

Los dos   Conde de mi vida...   Yo vivo muriendo,
                    No esperéis favor...   miéntras que callando
                    en ausencia amor...   pena me estén dando
                    que es niño y olvida... cifras que no entiendo.
                      Amo, y no sois vos... Quien mi mal ignora
                    de quien me enamoro... mi vida maltrata.
                    El dueño que adoro... Hable, pues me mata.
                    Esto basta. Adiós... La marquesa Aurora.

Aurora   Pues yo, Rodrigo, escribí
                    lo que notado me habéis,
                    Leedle agora, y veréis
                    Si está bueno.

Rodrigo   Dice así.

(Léele.)

Aurora   Antiguos los versos son.

Rodrigo   No es bien que pierdan por eso.

Aurora   Que me agradan os confieso,
                    por darles vos opinión.
                      Cerradle y dádsele vos,
                    pues llevársele queréis.

(Corta el papel don Rodrigo de alto a bajo en dos partes.)

                  ¿Cortáisle? ¿Qué es lo que hacéis?

Rodrigo	Un papel divido en dos.
Aurora	¿Qué decís?
Rodrigo	Veréislo ahora.
Aurora	¿Pues qué intentáis con cortarlos?
Rodrigo	Éste ha de ir al conde Carlos,
	y éste a la marquesa Aurora.
	Vos el uno le escribís,
	y yo, señora, os escribo
	el otro. Dicha recibo,
	si a su sentido acudís.
Aurora	El papel del conde Carlos,
	en dos papeles diversos,
	hará, cortados los versos,
	dos sentidos.
Rodrigo	Si mirarlos
	gustáis, veréis, gran señora,
	lo que en uno y otro digo.
Aurora	Sutileza es, don Rodrigo,
	que no la he visto hasta ahora.
Rodrigo	Como serviros deseo,
	novedades he buscado,
	que os declaren mi cuidado.
	Éste es del conde.
Aurora	Éste leo.

(Lee.)   «Conde de mi vida
                          no esperéis favor
                          en ausencia Amor;
                          que es niño y olvida.
                              Amo, y no sois vos
                          de quien me enamoro.
                          El dueño que adoro...
                          Esto basta. Adiós.»

                              Bueno está. En todo sois diestro
                          más de vuestro ingenio fío
                          que pensaba.

Rodrigo   Éste es el mío.

Aurora   Leamos pues este vuestro.

(Lee.)   «Yo vivo muriendo,
                          mientras que callando,
                          pena me están dando
                          cifras que no entiendo.
                              Quien mi mal ignora,
                          mi vida maltrata.
                          Hable, pues me mata,
                          la marquesa Aurora.»

Rodrigo   Si pueden más por escrito
                          mis penas que de palabra,
                          y en vos mi esperanza labra
                          la dicha que solicito;
                              no divirtáis la respuesta
                          que espero callando agora.
                          Respondedme, gran señora;

que poco un «sí» o un «no» cuesta.
    Por no entender un papel
de la condesa perdí
el bien que pretendo aquí,
olvidando a Oberisel.
    En un jardín me esperaba,
ganando la bendición
un conde, con la ocasión
que sus cabellos me daba.
    Otro conde os da la mano;
yo iré, si me amáis, en fin,
a ver si en vuestro jardín
la ocasión al conde gano.
    Y advertid que si calláis,
suspendiendo al que os adora,
quien calla, otorga, señora,
y así a todo os sujetáis.
    Dad claridad, si os obligo,
a tinieblas tan crueles.

Aurora	Buenos están los papeles.
	Mucho sabéis, don Rodrigo

(Vase Aurora.)

Rodrigo	Alto; ella ha dado en callar
	o por sin seso me tiene,
	o mi amor a otorgar viene.
	¡Vive Dios, que he de probar,
	yendo al jardín a esperalla,
	pues confuso me dejó,
	si soy venturoso yo,
	o si otorga amor quien calla.

(Vase don Rodrigo. Salen Carlos, Narcisa, Arminda y acompañamiento.)

Narcisa

Pues a Saluzo ha venido
tan presto vuestra excelencia,
corta ha sido la jornada;
vuestro amor estaba cerca.

Carlos

Y tanto, que en vuestra casa
me partí, Narcisa bella,
de mayordomo que he sido,
a ser marqués.

Narcisa

¡Diligencias
de amor, dignas de estimarse,
pues disfrazando grandezas,
para ser mayor en todo,
fuistes mayordomo en ella.
No os aguardaba tan presto
mi hermana; mas cuando os vea,
estimará agradecida
su dicha y vuestra presteza.
Gocéisla por muchos años.
Avisen a la marquesa.
¡Hola!

Arminda

En el jardín entró.
Yo voy a darle estas nuevas
y a pedirle las albricias.
Pero, pues sale ella mesma,
esposo y albricias gano.

(Salen Aurora y don Rodrigo, de las manos. Don Rodrigo habla con Aurora
a la puerta, antes de reparar en los demás personajes de la escena.)

Rodrigo	Si así alcanza quien espera,
	si así Amor que calla, otorga,
	si así servicios se premian,
	esposa del alma mía,
	píntese el Amor sin lengua,
	con corona la esperanza,
	laureada la paciencia.

Aurora	¡Hola! Llamen a Narcisa,
	para que a mi esposo vea,
	y a mi amor dé parabienes,
	a pesar de sus sospechas.

(Adelantándose Narcisa hacia su hermana.)

Narcisa	Ya se los he dado yo,
	y teniendo en tu presencia
	al conde Carlos tu esposo,
	que muchos años lo sea,
	podrás cumplir mi esperanza.

| Aurora | ¿Que es esto? |

Carlos	Éstas son finezas
	de mi amor por vos premiado,
	que a besaros los pies llega.

| Aurora | Mayordomo, ¿qué queréis |
| | decir por eso? |

Carlos	Ya cesan
	disfraces. El conde soy,
	que disimulada y cuerda
	sé yo que habéis conocido.

Besar mis labios merezcan
cristales de tal Aurora,
porque yo su Endimión sea.

Aurora   Seáis, conde, bien venido;
que yo sé que la nobleza
de mi señor el marqués,
de veros aquí se huelga,
porque huésped tan ilustre,
honrando las bodas nuestras,
festeje nuestra ciudad.

Carlos   ¿Qué decís?

Aurora   Narcisa, llega,
habla al marqués don Rodrigo.

Carlos   ¿Cómo es eso? Antes que sepa
mi agravio el mundo, tendrán
satisfacción mis ofensas.

Aurora   Conde, pues vos me perdistes,
y Narcisa y su belleza
os enamora, gozadla,
pues así cumplida queda
su ventura y vuestro gusto.

Carlos   Primero que tal consienta...

Aurora   Estando en Saluzo, conde,
no es bien que de esa manera
habléis.

Carlos   ¡Con un maestresala!

¿Qué desigualdad es ésta?

Aurora	Mayordomo también fuistes.
	Poca ventaja se lleva
	un oficio a otro.

Rodrigo
                                            Aquí,
generoso conde, pueda
más el valor que la espada,
que el enojo, la prudencia.
La mano me ha dado Aurora,
y yo, si reprimís quejas,
con los brazos os ofrezco
una amistad verdadera.

Carlos
Mucho alcanzan cortesías.
Pues el cielo así lo ordena,
y Narcisa es tan hermosa...
no quiero mujer por fuerza.

Narcisa
Yo soy vuestra humilde esclava.

(Salen Chinchilla, y luego Ascanio.)

Chinchilla
Plaza...

Aurora
                    ¿Qué es aquesto?

Chinchilla
                                Afuera,
que entra el conde de Monreal...

Rodrigo
¿Estás en ti, loco?

Chinchilla
                            Que entra

134

el conde de Monreal, digo,
a casarse con Belerma...
con Narcisa, iba a decir.

(Saliendo Ascanio.)

Ascanio   Si enojos, bandos y guerras,
en amistades y amor
es justo que se conviertan,
por albricias, bella Aurora
del esposo y de la vuestra,
dad al conde de Monreal
a Narcisa, pues por ella
vuestro secretario ha sido.

Aurora   Con trasformaciones nuevas,
habemos tenido en casa
del Piamonte la nobleza.
Las paces que me pedís,
yo las otorgo contenta;
pero no puedo a Narcisa.
Pedidle a Carlos licencia;
que es ya su esposa.

Ascanio   ¿Y vos no?
¿Qué marañas son aquéstas?

Rodrigo   Yo soy, conde, el venturoso
que alcanzo tan ardua empresa.

Chinchilla   ¡Cuerpo de Dios! ¿Eso dices,
y a Chinchilla de dar dejas
tus pantorrillas y brazos?
¡Por Dios, que es linda tu flema!

Ascanio	Pues Narcisa me engañó,
	¿qué tengo de hacer? Paciencia.
	La vuelta a mi tierra doy.
Rodrigo	Pues otorgó la marquesa,
	callando, mi firme amor,
	llámese aquesta comedia,
	quien calla otorga, senado,
	satisfaciendo con ella
	al castigo del penséque,
	pues no es necio quien se enmienda.

Fin de la comedia

Libros a la carta

A la carta es un servicio especializado para
empresas,
librerías,
bibliotecas,
editoriales
y centros de enseñanza;
y permite confeccionar libros que, por su formato y concepción, sirven a los propósitos más específicos de estas instituciones.

Las empresas nos encargan ediciones personalizadas para marketing editorial o para regalos institucionales. Y los interesados solicitan, a título personal, ediciones antiguas, o no disponibles en el mercado; y las acompañan con notas y comentarios críticos.

Las ediciones tienen como apoyo un libro de estilo con todo tipo de referencias sobre los criterios de tratamiento tipográfico aplicados a nuestros libros que puede ser consultado en Linkgua-ediciones.com.

Linkgua edita por encargo diferentes versiones de una misma obra con distintos tratamientos ortotipográficos (actualizaciones de carácter divulgativo de un clásico, o versiones estrictamente fieles a la edición original de referencia).

Este servicio de ediciones a la carta le permitirá, si usted se dedica a la enseñanza, tener una forma de hacer pública su interpretación de un texto y, sobre una versión digitalizada «base», usted podrá introducir interpretaciones del texto fuente. Es un tópico que los profesores denuncien en clase los desmanes de una edición, o vayan comentando errores de interpretación de un texto y esta es una solución útil a esa necesidad del mundo académico.

Asimismo publicamos de manera sistemática, en un mismo catálogo, tesis doctorales y actas de congresos académicos, que son distribuidas a través de nuestra Web.

El servicio de «libros a la carta» funciona de dos formas.

1. Tenemos un fondo de libros digitalizados que usted puede personalizar en tiradas de al menos cinco ejemplares. Estas personalizaciones pueden ser de todo tipo: añadir notas de clase para uso de un grupo de estudiantes,

introducir logos corporativos para uso con fines de marketing empresarial, etc. etc.

2. Buscamos libros descatalogados de otras editoriales y los reeditamos en tiradas cortas a petición de un cliente.

www.ingramcontent.com/pod-product-compliance
Lightning Source LLC
Chambersburg PA
CBHW030730150426
42813CB00051B/383